远帆归航

HOMEWARD VOYAGE

"泰兴"号沉船出水文物特展图录

Special Exhibition of Recovered Cultural Relics of the *Tek Sing*

中国航海博物馆 编著

文物出版社

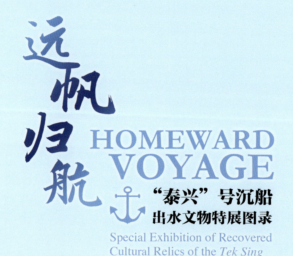

HOMEWARD VOYAGE

"泰兴"号沉船
出水文物特展图录

Special Exhibition of Recovered
Cultural Relics of the *Tek Sing*

在已发现的众多中国古代沉船中，"泰兴"号是极具代表性的一艘。它是目前海洋考古中发现的最大的中国木帆船，也是目前沉船打捞完整文物最多的沉船。因遇难人数众多，它也被称为东方的"泰坦尼克"号。

"泰兴"号也是最富传奇色彩的中国古代沉船。它航行于成熟的国际航线，却在大洋中突然改变航线，以致触礁沉没；如此大的海难，竟恰巧有其他船舶经过，190人因此获救；关于它的文献记载众多，使得沉船探险家在近200年后找到蛛丝马迹，将其打捞出水；出水瓷器流落世界各地，爱国企业家一次性购入12万件，帮助这批珍贵瓷器重回祖国怀抱……

继"CHINA与世界——海上丝绸之路沉船与贸易瓷器大展""器成走天下：'碗礁一号'沉船出水文物大展"之后，中国航海博物馆推出"沉船系列"临展的第三展——"远帆归航：'泰兴'号沉船出水文物特展"。

这是国内首个"泰兴"号沉船主题大型展览，由中国航海博物馆联合德化县陶瓷博物馆、泮庐集团共同举办。展览中，重见天日、重回祖国的"泰兴"号出水瓷器第一次大规模与国内观众见面，400余件（套）瓷器涵盖青花、白釉、五彩、青褐釉等多个门类，囊括碗、盘、碟、杯、钵、瓶、盒、雕塑等10余种器形，完整呈现"泰兴"号出水德化窑瓷器的整体面貌。展览还展出了宋、元、明、清乃至当代德化窑精品近100件（套），再现德化窑这一著名外销窑口的千年发展史。

从1822年到2022年，沉没200年之后，"泰兴"号远帆归航。我们在此以展览和图录的形式，诉说"泰兴"号的传奇故事，希望能为学者的再研究提供丰富资料，能让更多人欣赏"泰兴"号遗珍，了解"海上丝绸之路"与文明交流互鉴的灿烂历史，为"一带一路"倡议贡献绵薄之力。

中国航海博物馆党委书记、副馆长　张东苏

2022年8月

目　录

远帆归航："泰兴"号沉船出水文物特展

专题研究

后　记

图版目录

HOMEWARD

VOYAGE

远帆归航

"泰兴"号沉船出水文物特展

Special Exhibition of Recovered Cultural Relics of the *Tek Sing*

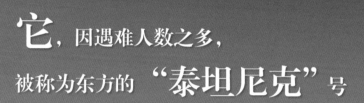

它，因遇难人数之多，
被称为东方的"泰坦尼克"号

传统航线，为何更改航向？

巨型船舶，何以触礁沉没？

惊世海难，怎得百人生还？

海底宝库，如何重见天日？

1822—2022

两百年沉浮
"泰兴"号的前世今生
在此为您呈现……

THE

INDIA DIRECTORY,

OR,

DIRECTIONS FOR SAILING

TO AND FROM THE

EAST INDIES,

CHINA, AUSTRALIA, AND THE INTERJACENT PORTS

OF

AFRICA AND SOUTH AMERICA:

COMPILED CHIEFLY FROM

ORIGINAL JOURNALS OF THE HONOURABLE COMPANY'S SHIPS,

AND FROM

OBSERVATIONS AND REMARKS,

RESULTING FROM THE EXPERIENCE OF TWENTY-ONE YEARS IN THE NAVIGATION OF THOSE SEAS.

BY

JAMES HORSBURGH, F.R.S., R.A.S, R.G.S.

CORRESPONDING MEMBER OF THE IMPERIAL ACADEMY OF SCIENCES, ST. PETERSBURGH ; AND OF THE ROYAL SOCIETY OF
NORTHERN ANTIQUARIES, COPENHAGEN ; HYDROGRAPHER TO THE HONOURABLE EAST-INDIA COMPANY.

They that go down to the sea in ships, that do business in great waters ; these see the works of the Lord,
and his wonders in the deep.—PSALM cvii. 23, 24.

VOLUME SECOND.

FIFTH EDITION.

LONDON:

Wm. H. ALLEN AND CO.,

Booksellers to the Honourable the East-India Company,
7, LEADENHALL STREET.

1843.

故事源于一本古老而罕见的书——《通往东印度群岛的航海指南》，其作者詹姆斯·霍斯伯格（James Horsburgh），是英国东印度公司的官方水道测量员。该书第188页有以下含糊不清的记载：

贝尔威德浅滩由几块珊瑚组成，海水有六到十英尺高，在其东北处水面上有一块黑色的岩石，一艘大型的中国帆船便是在这片浅滩上触礁而沉的。帆船的一部分船员飘到了加斯帕岛，还有一部分漂浮在帆船的残骸碎片上，后来被一艘驶往加尔各答的乡村船努力营救上来。

这艘沉船曾经是什么名字，它从哪里来？要开往哪里？谁是神秘的加尔各答"乡村船"的船长？他救了船上的"一部分人"？霍斯伯格并没有回答这些问题。

揭开霍斯伯格只言片语背后的故事，从此开始……

UNIT I

SALVAGE OF
SUNKEN SHIP

第一单元

茫茫探海船

　　"泰兴"号是一艘清代道光年间的沉船。1822年1月，它满载着瓷器、茶叶等船货，从厦门港出发，驶向印尼爪哇港，途经加斯帕海峡触礁沉没。船上除了有数十万件瓷器等船货外，还有1800余名船员及乘客，除190人被救起外，其余都在海难中遇难。1999年5月，"泰兴"号被发现，打捞出水的35万余件瓷器在德国斯图加特进行拍卖，震惊中外。

启航·触礁

1822年1月14日，一艘中国巨型三桅帆船驶离厦门港，缓缓地沿着海岸线向南航行，向着目的地巴达维亚驶去。

这艘船的船首漆成绿色，俗称"绿头船"，还用红色粗体字写有该船的标识。后来这艘船的名字被记录为"Tek Sing"，译作"泰兴"或"的惺"。

此船至少长50余米，宽10余米，载重1000余吨，舱室被横向隔板分成约15个独立的水密隔舱。船上除了商人和水手，还搭载了约1600人，年龄在6至70岁之间，船上总人数有1800余人。

"泰兴"号沿着海岸线一直向南行进，在到达马来西亚东部的刁曼岛后，推测是为了躲避海盗，船长游涛科做了一个决定：不再遵循几个世纪摸索出来的邦加海峡传统航线，而是改变航向，前往勿里洞岛和邦加岛东侧之间的加斯帕海峡。

与此同时，一艘来自孟加拉加尔各答的英国乡村船"印第安娜"号，于1822年1月27日离开巴达维亚，载着175箱质量上佳的鸦片，前往婆罗洲西海岸进行鸦片贸易。2月7日早晨，"印第安娜"号正在小心翼翼地穿过加斯帕海峡时，看到了令人震惊的一幕：水面上出现了许许多多的浮木，无数的人在水中挣扎，海面上几公里范围内都漂浮着人。船长珀尔第一时间下令把船停下来，指挥船员将船上的救生艇放下去，努力营救在水中挣扎的人们，最终仅190人获救。"泰兴"号沉船造成的人员伤亡，超过了"泰坦尼克"号。

红头船和绿头船。1723年，雍正下令"着将出海民船按次编号，刊刻大字，船头桅杆油饰标记"。并且规定："福建船用绿油漆饰，红色钩字；浙江船用白油漆饰，绿色钩字；广东船用红油漆饰，青色钩字；江南船用青油漆饰，白色钩字。"由此，福建"绿头船"、广东"红头船"的称呼便传扬开来。

加斯帕岛，船舶事故高发地，自18世纪末至19世纪初，此区域至少沉没了50艘船。
到19世纪早期，大多数船只试图绕道邦加海峡来避开它。

MELANCHOLY LOSS A CHINESE JUNK.—*The Calcutta Gazette*, of the 30th May, gives a painfully interesting account, in the shape of Extracts from the log book of the English ship, Indian, commanded by Lieutenant James Pearl, R. N.—Part of the crew and passengers were saved by the Indian, and landed at Pontiana, Island of Borneo. The number of persons saved was 140.— "We were enabled now to ascertain (says the log of Baba Chy, the person brought off this evening), that the people were passengers on board the Teck Necum, a Canton Junk, of eight or nine hundred tons, which had left Amoy, in China, twenty-three days before; bound to Batavia, having, besides the cargo and crew, 1600 passengers, from the age of 70 to six years, which the evening before had struck against some rocks, to windward of the Island, supposed by us to be the Belvedors Shoals, about 12 miles N. N. W. from Gaspar Island."

1822年12月3日，《伦敦纪事晨报》对东南亚报纸*The Calculla Gazelle*的转载，
上面有关于"泰兴"号失事的报道。

探险·打捞

EXPLORATION · SALVAGE

英国海事历史学家奈杰尔·皮克福德（Nigel Pickford）在格林尼治国家海事博物馆找到了那份含糊不清的文献，这引起了沉船探险家迈克·哈彻（Michael Hatcher）的注意。迈克·哈彻找到"印第安娜"号货轮的资料和航海日志，经过专业分析，确定了"泰兴"号的大致沉没位置。

1999 年 4 月，"泰兴"号搜寻工作开始。迈克·哈彻认为"泰兴"号可能是从北面撞击了暗礁，但最终应该沉睡在礁石南面的深水中，他决定将搜索范围集中在贝尔威德暗礁和加斯帕岛之间 155 平方千米的区域内。

潜水员潜入 30 多米深的海底，看见一个又一个直径达 1 米的铁环，然后发现了一处小山似的堆积物，高 4 米，方圆足有 400 多平方米，竟然全是瓷器！即使在暗无天日的海底，肉眼也能辨认出杯子、盘碟、花瓶的形状。

奈杰尔·皮克福德，英国海事历史学家，致力于搜寻线索、寻找文献。　　迈克·哈彻，充满争议的沉船探险家。

铁环，用来加固巨大的桅杆，因桅杆早已腐烂，众多铁环呈直线状躺在海底。　　沉船残骸及堆积成山的瓷器

"泰兴"号的船身残骸，可见其使用了一些由竹子纤维制成的绳子。

打捞"泰兴"号沉船的船舶及打捞现场

"泰兴"号打捞出水的青铜大炮。当时规定远洋船舶只能携带两门大炮,但在"泰兴"号中至少发现了七门,不过与当时欧洲船所携带的大炮数量相比还有很大差距。

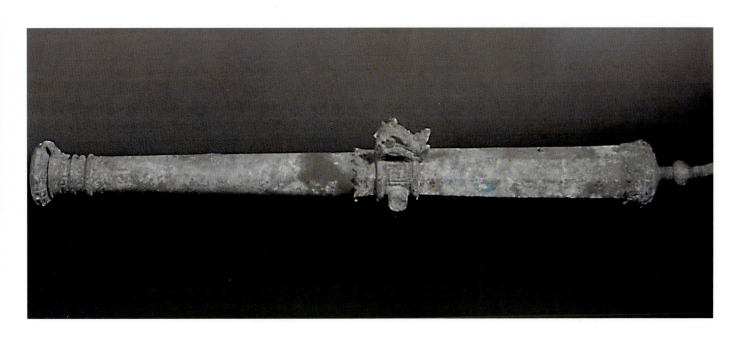

"泰兴"号沉船出水瓷器

"泰兴号"珍贵瓷器
捐赠仪式

泮庐集团向中国航海博物馆捐赠"泰兴"号出水瓷器

2000年8月8日起,"泰兴"号展览在德国的斯图加特中心火车站举办,每天都有上万名观众慕名前来参观。此外,部分展品还在澳大利亚及亚洲、欧洲、北美的几个城市展出。

2000年11月,德国纳高拍卖行拍卖了这批"泰兴"号出水瓷器,此次拍卖总成交额高达2240万德国马克。主办单位称,这是有史以来规模最大的拍卖。

2018年11月,泮庐集团董事长郑长来先生从英国联邦贵金属公司购回12万件"泰兴"号沉船遗物,至此,这批随着"泰兴"号沉寂海底的珍宝,最终回到祖国怀抱。2020年,泮庐集团向中国航海博物馆捐赠100件"泰兴"号沉船出水瓷器,中国航海博物馆举办捐赠仪式及学术研讨会。

研究·复原

RESEARCH · RESTORATION

依据"泰兴"号的年代、航线、船型、技术特征、涂装、航速、载人、载货等信息，其应是目前海洋考古中发现的最大的中国古船（木质船）。

部分复原依据：

·部分幸存者看到，"泰兴"号沉入海底后主桅还高出水面3米；

·载客1800余人，其中1600余位乘客、200余位船员；

·同时期远洋商船载客1200～1600人，吨位记载达800吨、1000吨甚至更多。

"泰兴"号复原船模

Restored Ship Model of the *Tek Sing*

船模比例：1:30

中国航海博物馆藏

根据"泰兴"号的相关信息，目前考证"泰兴"号总长约59.1米，宽约12.93米，深约6.63米，吃水4.95米，载重量1000吨，排水量1430吨。

打捞信息：

·"泰兴"号沉没海域水深 30 米；

·打捞时，探测到残骸区域长约 50 米，宽约 10 米；

·海底发现了铁环，最大直径约 1 米，据分析应是桅杆的加固铁环；

·龙骨残骸埋在海底泥沙里深达 2 米；

·水线以上部分已解体，残骸高约 4 米。

UNIT II

TREASURE OF
RECOVERED PORCELAIN

第二单元

熠熠有瓷珍

　　"泰兴"号沉船出水器物丰富多彩，其中绝大多数为陶瓷器，达35万件以上。瓷器中绝大部分为青花瓷，还有一部分白釉、五彩、青褐釉瓷器以及宜兴紫砂等。

青花瓷

BLUE-AND-WHITE PORCELAIN

"泰兴"号出水青花瓷主要是清代早中期德化窑产品，以盘、碗、杯、碟、盒、勺等日用品为主，装饰洞石、花卉、花篮、圈点、人物、文字、山水、动物等图案，布局疏朗，器形规整，纹饰多样。

这些产品在德化各窑址中都有出土，尤其是德化梅岭窑，其造型、纹饰与"泰兴"号沉船出水瓷器完全相同，充分体现了德化作为中国古代外销名窑的重要地位。

▌德化青花瓷器特点

器形	• 以日常的盘、碗、杯、碟、壶、罐、盒、匙为大宗，瓶、炉、盂等陈设供器次之。
胎釉	• 明代至清初，瓷胎内有微小颗粒状光泽点，乳白釉温润似玉，胎釉结合紧密，俗称"糯米胎"；清康熙时期，出现一种白里泛青的莹润釉色，釉层肥厚，有混浊现象；康熙朝及其后，胎中掺入铁粉和杂质以加强硬度，釉面先后呈现青白、浆白、粉白、亮青等釉色，泛灰渐多。
青花	• 使用金门料、江浙料或混合料等，呈现蓝色，泛灰、泛黑、泛褐现象比较普遍。清乾隆朝以前，青花呈色较深沉浓重，无漂浮感，色浓凝聚处多呈现黑色斑点；乾隆朝以后，在烧成过程中往往发生缩釉崩裂现象，聚釉厚处的流散形成"蚯蚓走泥纹"。
技法	• 主要有三种：1.直接在瓷坯上绘画，俗称"绘青花"；2.采用刻有图案的印章在瓷坯上印制，俗称"印青花"；3.绘画与模印相结合。第一种技法较普遍，第二、三种技法较少见。
装饰	• 植物图案：以当地生长的植物为主，有石榴、水草、菊花、梅花、葡萄、牵牛花、灵芝草、松枝、竹、缠枝藤草、牡丹、葵花、芭蕉、杨柳、佛手等，此外，还有用插花的方式把各种花草进行搭配画出的花篮图； • 山水图案：以自然风光为主，配以亭台楼阁、农夫等形象，反映民间的生产劳动和社会风俗习惯，多为民间乡村的小品山水，有的在生活小景中配上一句简短又意味深长的抒情语句，使人感受到浓厚的生活气息； • 动物图案：龙凤、游鱼、飞雀、雄狮、麒麟、松鹤、蝴蝶、蝙蝠等，带有浓重的民窑彩绘风格； • 人物图案：多以传说、典故中的人物形象出现，如《西厢记》、"携琴访友"等历史典故中的画面，"书生晨读""秀才晨读"等勤学苦读题材，配景多以传统云龙纹、卷草纹、缠枝纹、莲花纹、祥云纹、"卍"字纹和自然风景、生活场景等为主； • 文字图案：表达吉祥、喜庆的"寿""福""祥""喜"等单字，以及抒发情感的"志在书中""晨兴半名香""粒粒皆辛苦"等，此外，受宗教的影响，佛梵字也时有出现； • 普通纹饰：种类较多，讲究对称，有圈点纹、卷浪纹、点纹、斜线交叉纹、水波纹、"卍"字纹、竖线纹、飘带纹以及各种线条组成的图案； • 边饰图案：主要以树木、花草的叶为主，有竹叶纹、蕉叶纹、莲瓣纹、卷线纹、云雷纹、草叶纹、缠枝纹等。

灵芝纹

　　灵芝是一种稀少的名贵药材，呈菌状，盖面上的纹理如云纹。中国古代的一些宗教，如道教，认为灵芝汲日月之灵气、天地之精华，为祥瑞之物，因此灵芝也被称为"仙草"。

　　灵芝纹是以"仙草"为题材的一种吉祥纹样，象征长寿，明清时期逐渐被工匠应用在陶瓷装饰上。绘有这类纹饰的瓷器在"泰兴"号沉船中大量出水，并在碗、盘、杯、碟、匙等成套餐具中都有出现。

01 青花灵芝纹盘
Blue-and-white Porcelain Plates with Pattern of Glossy Ganoderma

清（1644—1911 年）
大：高 3.9~4.3、口径 18.3~19、底径 8.4~10.3 厘米
小：高 2.7~3.5、口径 15~15.6、底径 8.4~8.5 厘米
"泰兴"号沉船出水
展出 17 件，其中 7 件中国航海博物馆藏、8 件德化县陶瓷博物馆藏、2 件泮庐集团藏

　　敞口、浅弧腹、圈足。白釉灰胎，质坚，釉色莹润，白中泛青。盘面装饰似一朵盛开的莲花，内壁饰双层多组开光，外壁饰单层多组开光，花瓣形开光内交替描绘灵芝纹和折枝花卉纹，盘心描绘螺旋轮花图案，纹饰疏朗有致，笔法流畅。圈足多粘砂，外底略有突出，底部多有"和珍""合""千""吉""信""瑞"等字款，书写简率、随意，应是当时产品所做的记号，或为窑工记号，或为窑主记号。这些大量使用的商号款和窑场作坊的标记，表现出德化窑外销瓷强烈的商品竞争意识。

青花灵芝纹盘·一

青花灵芝纹盘·二

青花灵芝纹盘·三

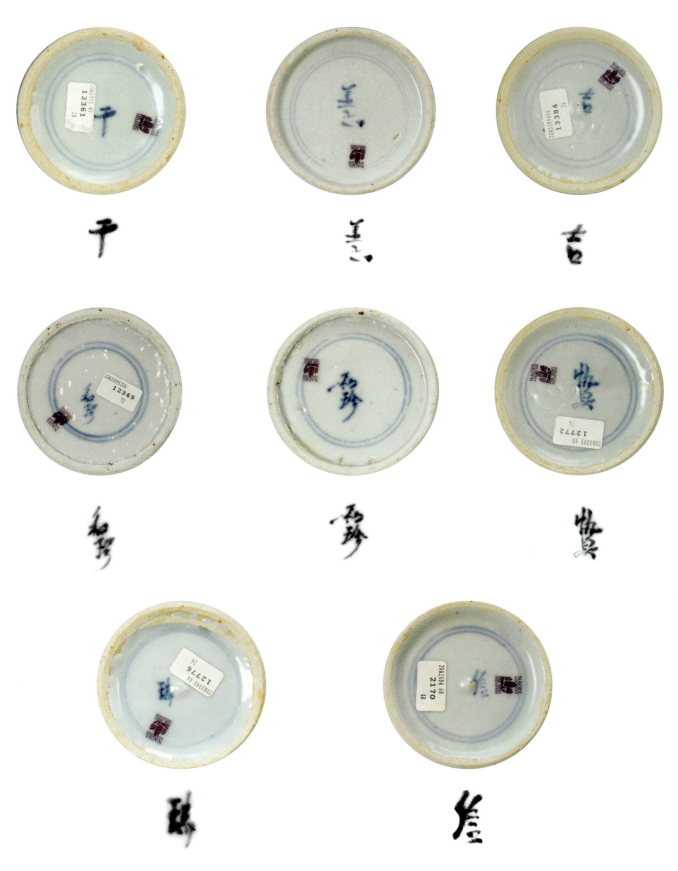

底　款

02 青花灵芝纹碗

Blue-and-white Porcelain Bowls with Pattern of
Glossy Ganoderma

清（1644—1911 年）
大：高 6.8~7.7、口径 15.3~16.2、底径 6.8~8 厘米
小：高 5.7~6.5、口径 12.3~13、底径 6~6.5 厘米
"泰兴"号沉船出水
展出 16 件，其中 7 件中国航海博物馆藏、2 件德
化县陶瓷博物馆藏、7 件泮庐集团藏

敞口微撇，斜弧腹下收，圈足。内、外
壁装饰双层或单层花瓣形开光，内绘灵芝
纹、花卉纹等，碗心绘一螺旋轮花。外底多
绘双圈款，少量单圈，款识有"成珍""宝
盛""吉""千""昌""信"等。

此类青花灵芝纹碗的纹饰可归为"过枝
纹"，也有称"过墙花"，是瓷器中的一种特殊
构图纹饰，有"长治久安"的吉祥寓意。所谓
过枝，即指器物内壁与外壁，或器盖与器身
的纹饰相连，浑然一体，宛如花枝越过墙头，
从外壁伸至内墙，流行于清康熙、雍正、乾
隆时期，德化窑则流行于清嘉庆、道光时期。

青花灵芝纹碗·一

青花灵芝纹碗·二

青花灵芝纹碗·三

底 款

03 | 青花灵芝纹杯
Blue-and-white Porcelain Cups with Pattern of Glossy Ganoderma

清（1644—1911 年）
高 3.4~3.7、口径 4.9~5.1、底径 2.9~3 厘米
"泰兴"号沉船出水
展出 22 件，其中 2 件中国航海博物馆藏、10 件德
化县陶瓷博物馆藏、10 件泮庐集团藏

敞口微撇，斜直腹下收，浅圈足。外壁
绘四个花瓣形开光，内间隔绘灵芝纹、折枝
花卉纹，底足多有粘砂。杯小巧玲珑，纹饰
流畅。

青花灵芝纹杯·一

青花灵芝纹杯·二

山石花卉纹

　　此类纹饰多以中间洞石，两旁各绘不同植物的布局排列，包括牡丹、菊花、兰花、梅花、竹子、芦苇等花草，纹饰丰富多样，画面较为饱满。

　　花卉与其他花鸟虫鱼相配，可以构成多种吉祥图饰，如梅花、竹子、喜鹊寓意"梅竹双喜"，牡丹、玉兰、海棠则寓意"玉堂富贵"等。

　　这些纹饰由现实生活中常见的花卉植物提炼演绎而成，看似简单的一花、一草、一石，经过画师们的重新组合、变异，成为形式感强且丰富多样的装饰题材，借用隐喻、谐音等表现手法，间接表达对美好生活的向往。

04 | 青花牡丹玉兰纹盘

Blue-and-white Porcelain Plates with Pattern of
Peony and Yulan Magnolia

清（1644—1911 年）
大：高 2.9~3、口径 14.6~16.1、底径 8~9.1 厘米
小：高 2.1~2.3、口径 10.3~10.7、底径 5~5.6 厘米
"泰兴"号沉船出水
展出 20 件，其中 8 件中国航海博物馆藏、12 件洋
庐集团藏

　　敞口微撇，浅弧腹，圈足。盘口沿内外
均饰双弦纹，内壁下方绘一块山石，其上左
侧绘一株牡丹，右侧绘一株玉兰，中间隔以
洞石，寓意"玉堂富贵"。花朵采用双勾线描
留白绘画，花叶枝干采用双勾平涂法，整个
画面疏朗有致，构图较为饱满。外壁多绘有
三组简易的"壬"字形云纹或花卉兰草纹。

青花牡丹玉兰纹盘·一

037

青花牡丹玉兰纹盘·二

青花牡丹玉兰纹盘·三

青花牡丹玉兰纹盘·四至六

05 | 青花牡丹玉兰纹碗

Blue-and-white Porcelain Bowls with Pattern of
Peony and Yulan Magnolia

清（1644—1911 年）
高 7~8.3、口径 16~17.3、底径 7.5~8.6 厘米
"泰兴"号沉船出水
展出 11 件，其中 4 件中国航海博物馆藏、7 件泮
庐集团藏

敞口微撇，斜弧腹下收，圈足。碗内口
沿处饰一道弦纹，内底双弦纹内画一花押款，
外壁上下各绘一道弦纹，中间一侧绘牡丹、
玉兰、洞石纹，另一侧绘简笔蝙蝠和花卉。
底足多有款，如"金玉""全珍""佳珍""逢
源""尚珍"等。

青花牡丹玉兰纹碗·一

青花牡丹玉兰纹碗·二

青花牡丹玉兰纹碗·三

底款

06 青花洞石花卉纹盘

Blue-and-white Porcelain Plates with Pattern of Hole Stone and Flower

清（1644—1911 年）

高 2.5~3、口径 15.1~15.4、底径 8.4~8.5 厘米

"泰兴"号沉船出水

展出 15 件，其中 7 件中国航海博物馆藏、8 件德化县陶瓷博物馆藏

敞口，浅弧腹，圈足。盘内外口沿处各饰一道弦纹，内壁下方绘一片沃土，其上左右分绘竹子、牡丹或菊花等花卉，中间绘洞石，洞石上还伸出若干兰草，布局疏朗有致，画面上方多绘有一圆圈，应代表太阳。外壁绘三组简易的"壬"字云纹或羽状云纹，底足有款识，多见"信""川""振茂"等。

该类纹饰的青花发色呈现两种不同的效果，一种较鲜艳，纹饰清晰；一种暗淡灰蓝，纹饰模糊。"蚯蚓走泥纹"特征明显。

"蚯蚓走泥纹"呈深沉稳重的蓝黑或蓝灰色，由于钴料中含铁量较高，聚釉厚处往往形成崩裂缩釉的铁锈纹痕，俗称蚯蚓走泥纹，成为德化窑区别于景德镇窑的典型特征。这虽然是一种缺陷，但有时呈现于图画中，成为山石的裂隙、树木的皮裂或人物服饰的皱褶，纹理自然，别具一格。

青花洞石花卉纹盘·一

青花洞石花卉纹盘·二

青花洞石花卉纹盘·三

青花洞石花卉纹盘·四

青花洞石花卉纹盘·五

07 | 青花洞石花卉纹碗

Blue-and-white Porcelain Bowls with Pattern of Hole Stone and Flower

清（1644—1911 年）
高 5.7~6、口径 12.6~13、底径 6~6.5 厘米
"泰兴"号沉船出水
展出 9 件，其中 2 件中国航海博物馆藏、7 件泮庐集团藏

敞口微撇，斜弧腹下收，圈足。内口沿饰弦纹，内底双弦纹内绘一简易的花押款。外壁一侧绘有竹子、山石、牡丹花卉图案，另一侧绘昆虫朵花纹，底足多有款，常见"方""千""瑞""信""太囗"等。

青花洞石花卉纹碗·一

青花洞石花卉纹碗·二

青花洞石花卉纹碗·三

底 款

08 | 青花洞石花卉纹碗
Blue-and-white Porcelain Bowl with Pattern of
Hole Stone and Flower

清（1644—1911 年）
高 7、口径 13、底径 6.5 厘米
"泰兴"号沉船出水
展出 1 件，泮庐集团藏

　　敞口微撇，斜直腹下收，圈足内敛。碗内口沿饰一道弦纹，内底双弦纹内绘一简易花押款。外壁上下各绘一道弦纹，中间一侧绘山石牡丹纹，牡丹花朵硕大、留白，两旁绘折枝花点缀，另一侧绘花草，圈足上饰双弦纹，底书"合兴"二字。

09 | 青花洞石花卉纹盘

Blue-and-white Porcelain Plates with Pattern of
Hole Stone and Flower

清（1644—1911 年）
高 2.9、口径 15~15.3、底径 8.5~9 厘米
"泰兴"号沉船出水
展出 2 件，其中 1 件德化县陶瓷博物馆藏、1 件泮庐集团藏

　　敞口，浅弧腹，圈足。盘内口沿绘一道弦纹，盘心以一周宽弦纹作边，内绘一幅洞石花卉图，沃土之上，中间立山石，两侧绘折枝花，花卉的画法比较特殊，用螺旋纹代替，上部绘一朵郁金香。外壁绘三组简易云纹，底绘双圈，内书"长"字款。

青花洞石花卉纹盘·一

青花洞石花卉纹盘·二

折枝花卉纹

　　植物纹的一种，以一支植物的茎、叶、花为一组，花卉与花卉之间并不相连，常见的有折枝菊、折枝莲、折枝牡丹、折枝梅、折枝花果等，多绘于盘、碗的内底心及瓶、罐等腹部开光之中，形式多样。

10 | 青花折枝牡丹纹盘

Blue-and-white Porcelain Plates with Pattern of Peony with Bent Branch

清（1644—1911 年）
大：高 4~4.7、口径 20.7~21.6、底径 10.4~10.8 厘米
小：高 3.6、口径 16.2、底径 8 厘米
"泰兴"号沉船出水
展出 7 件，其中 1 件中国航海博物馆藏、6 件泮庐集团藏

　　敞口，宽平折沿，浅弧腹下收，圈足。盘内口沿饰一周几何锦地纹，盘心外围环以一周圆点纹，以弦纹为框，内绘一株折枝牡丹，牡丹双勾技法留白，纹饰精美。

　　牡丹是德化窑中最常见的纹饰之一，寓意幸福美满，富贵昌盛。这类折枝牡丹表现的是正面开放的牡丹，花朵大而饱满，画面规整，线条流畅，是折枝花卉的代表作品。

青花折枝牡丹纹盘·一
HOMEWARD VOYAGE Special Exhibition of Recovered Cultural Relics of the *Tek Sing*

青花折枝牡丹纹盘·二

青花折枝牡丹纹盘·三

青花折枝牡丹纹盘·四

11 | 青花折枝团花纹盘

Blue-and-white Porcelain Plates with Pattern of Flower with Bent Branch

清（1644—1911 年）
高 2.9~3.5、口径 14.9~16.5、底径 7.7~9.4 厘米
"泰兴"号沉船出水
展出 12 件，其中 4 件中国航海博物馆藏、1 件德
化县陶瓷博物馆藏、7 件泮庐集团藏

敞口微撇，斜弧腹，圈足。盘内口沿绘
一周几何条带纹，盘心双弦纹内绘一株折枝
牡丹，枝繁叶茂形成团花状，青花发色蓝中
泛灰，有"蚯蚓走泥纹"的崩裂现象。外壁近
口沿处和近圈足处分别绘双弦纹、中间对称
绘二组枝条纹。

这类团菊、团荷、团牡丹等纹饰，多出
现于盘心，极重形象的夸张变化，同时亦讲
究枝叶的剪裁取舍。

青花折枝团花纹盘·一

青花折枝团花纹盘·二

青花折枝团花纹盘·三

12 青花折枝花卉纹碟

Blue-and-white Porcelain Saucers with Pattern of Flower with Bent Branch

清（1644—1911 年）
高 2.3~2.5、口径 11.5~12、底径 7.1~7.6 厘米
"泰兴"号沉船出水
展出 14 件，其中 4 件中国航海博物馆藏、10 件德
化县陶瓷博物馆藏

敞口，浅弧腹下收，圈足。碟内口沿饰
双弦纹，内点缀一周圆点纹，盘心饰一周点
线纹，内绘一折枝花，纹饰简单。"泰兴"号
沉船出水的青花杯上也有同款纹饰，组成杯
碟套装。

青花折枝花卉纹碟·一至三

青花折枝花卉纹碟·四

青花折枝花卉纹碟·五

锦地开光

　　锦地开光是瓷器的装饰方法之一，指在繁密规整的织锦样地纹中空出数量不等、形状各异的白地的方法。开光内绘制主要纹饰，与锦地形成主次、疏密、虚实的对比变化，使整个装饰显得较为活泼。

13 | 青花锦地开光草帽碗

Blue-and-white Straw-hat-shaped Porcelain
Bowls with Pattern of Framed Brocade

清（1644—1911 年）
高 5.9~6.8、口径 16.1~17、底径 6~6.8 厘米
"泰兴"号沉船出水
展出 4 件，中国航海博物馆藏

　　撇口，宽折沿，圆弧腹下收，圈足，倒置形似草帽，故称"草帽碗"。折沿内壁绘锦地开光，弧形开光内装饰暗八仙、杂宝纹，内壁饰双弦纹，内底寥寥几笔绘兔纹。折沿外壁上下各饰一道弦纹，其间绘二组枝叶纹，近圈足处绘四组竹叶及双弦纹，底足有款，多见"永"字。此类碗在中国西沙群岛北礁多有出水。

青花锦地开光草帽碗·一

青花锦地开光草帽碗·二

青花锦地开光草帽碗·三

14 青花花篮纹盘

Blue-and-white Porcelain Plates with Pattern of Flower Basket

清（1644—1911 年）

大：高 2.8~3.2、口径 14.7~15.2、底径 6.7~7.2 厘米

小：高 2.1~2.4、口径 11~11.5、底径 5~5.6 厘米

"泰兴"号沉船出水

展出 19 件，其中 6 件中国航海博物馆藏、10 件德
化县陶瓷博物馆藏、3 件泮庐集团藏

敞口，宽折沿，浅腹，圈足。部分有酱
口，内口沿饰一宽带青花弦纹，内底双弦纹
内绘一花篮，花与枝叶交映，形成极为优雅
的插花艺术，外壁绘三组简笔云纹或"壬"字
形云纹。此类盘在东南亚及日本多有发现，
具有定制外销瓷的风格。

青花花篮纹盘·一

青花花篮纹盘·二

青花花篮纹盘·三

其他花草纹

　　"泰兴"号沉船出水的青花瓷，以植物纹饰最为丰富和突出，除上述几大类花草纹外，还可以看到由花卉纹组成的宽带纹饰，或者简单的一簇簇草叶，或以诗文短句相衬，生活气息浓郁，独具韵味。

15 | 青花花卉宽带纹碗
Blue-and-white Porcelain Bowls with Pattern of Flower and Wide Stripe

清（1644—1911 年）
高 5.9~6.3、口径 12.5~13、底径 6.4~6.6 厘米
"泰兴"号沉船出水
展出 2 件，其中 1 件德化县陶瓷博物馆藏、1 件泮庐集团藏

　　敞口微撇，斜弧腹下收，圈足。碗内口沿饰一道弦纹，内底双弦纹内绘一花押款。外壁上下分饰二道宽带纹饰，上为冰梅纹、涡旋纹间隔的宽纹带，下为短竖条纹饰带，圈足上饰双弦纹，其中一件外底书"合吉"款。

青花花卉宽带纹碗·一

青花花卉宽带纹碗·二

16 | 青花团菊折枝花果纹盘
Blue-and white Porcelain Plate with Pattern of Chrysanthemum with Bent Branch

清（1644—1911 年）
高 3.7、口径 18.2、底径 9.3 厘米
"泰兴"号沉船出水
展出 1 件，泮庐集团藏

大敞口外撇，斜腹下收，圈足。盘内口沿绘一周垂帐纹，内壁绘三组折枝花果纹，盘心绘一朵团菊纹，纹饰精美。

17 | 青花草叶纹碟

Blue-and-white Porcelain Saucer with Pattern of Grass Leaf

清（1644—1911 年）
高 1.8、口径 8.6、底径 5.6 厘米
"泰兴"号沉船出水
展出 1 件，德化县陶瓷博物馆藏

　　敞口，浅腹，圈足。碟内底绘一束草叶纹，青花发色灰蓝，釉深处似有结晶斑，口沿未施釉，底足有粘砂现象。

18 青花文字花草纹盘

Blue-and-white Porcelain Plates with Pattern of
Chinese Characters, Flower and Grass

清（1644—1911 年）
高 3.1、口径 15.4~15.5、底径 8.5~8.6 厘米
"泰兴"号沉船出水
展出 2 件，德化县陶瓷博物馆藏

　　敞口，浅弧腹，圈足。通体施白釉泛青，
足跟露胎。内口沿饰一道弦纹，盘心中部偏
下绘沃土，其下饰两丛草叶纹，其上右侧绘
一丛兰花，左侧书"月明叶下有清照"，中间
绘一株郁金香。外壁口沿下饰三组杂宝纹，
圈足饰一道弦纹，外底双圈内书"振茂"等商
标款。

青花文字花草纹盘·一

青花文字花草纹盘·二

火龙纹

　　以龙纹作为装饰图案，一般是三爪或四爪。由龙组成的纹饰有云龙、火焰龙、海水龙及各种变体单龙、双龙、夔龙、螭龙等，纹饰布满盘心，形态各异，画风粗犷、洒脱，具有一种自由豪放、生气蓬勃的气息。

19 | 青花火龙纹盘
Blue-and-white Porcelain Plates with Pattern of Fire Dragon

清（1644—1911 年）
高 2.7~3.2、口径 17.2~18.2、底径 10.2~10.8 厘米
"泰兴"号沉船出水
展出 12 件，其中 4 件中国航海博物馆藏、8 件德
化县陶瓷博物馆藏

敞口，浅弧腹，圈足。内口沿饰弦纹，
内壁绘四组抽象云纹，盘心饰一周火焰纹，
中间绘抽象的夔龙，青花发色暗淡。

青花火龙纹盘·一

青花火龙纹盘·二至四

20 | 青花圈点纹小碗
Blue-and-white Porcelain Bowls with Pattern of
Circles and Dots

清（1644—1911 年）
高 4.2~4.9、口径 10.3~10.9、底径 4.7~5 厘米
"泰兴"号沉船出水
展出 14 件，其中 4 件中国航海博物馆藏、10 件德
化县陶瓷博物馆藏

敞口，弧腹下收，矮圈足。碗外壁口沿饰
一周圈点纹饰。此为德化窑的典型纹饰，在德
化、安溪都有发现，是专供外销而生产的。

圈点纹

圈点纹是德化窑的典型纹饰之一，圈点纹碗在德
化的桐岭、岭兜、后井、东头、石排格、后所、宏祠、
布伏山、垵园、窑垅等窑址都有出土，远在非洲的肯
尼亚以及坦桑尼亚的坦噶尼喀、基尔瓦都出土有大量
的德化窑青花圈点纹碗。

青花圈点纹小碗

模印纹饰

　　模印纹饰是将装饰纹样刻成印模，在模上涂饰青花颜料，进而在器坯上施印而成。模印工艺的缺点是青花色泽不鲜艳，纹饰比较呆板，缺乏生气，但模印工艺也有其长处，那就是图案一般较为工整，便于大批量生产，适应外销的需求。

　　"泰兴"号沉船出水瓷器上的模印青花纹饰有"寿"字纹、半"寿"字纹、变体"寿"字纹（也有称"变体梵文"）以及一些规矩纹、几何纹饰图案等，一些模印变体"寿"字与缠枝或折枝牡丹、菊花以及杂宝等纹样的组合，也很有特色。

21 | 青花山水纹碗
Blue-and-white Porcelain Bowls with Landscape Pattern

清（1644—1911 年）

高 5.5~6.7、口径 13.6~14.7、底径 7~7.7 厘米

"泰兴"号沉船出水

展出 12 件，其中 4 件中国航海博物馆藏、8 件德化县陶瓷博物馆藏

敞口微撇，深圆弧腹下收，圈足。部分碗内壁上下各饰一道弦纹，内底为涩圈和不施釉两种情况，部分涩圈中间有字款。外壁模印山水图案，部分圈足上绘有双弦纹，外底可分施釉和不施釉两种。

青花山水纹碗·一

青花山水纹碗·二

22 青花莲花"寿"字纹碗
Blue-and-white Porcelain Bowls with Pattern of Lotus and Chinese Character *Shou* (longevity)

清（1644—1911 年）
高 5.5~6.7、口径 13.8~14.7、底径 7~7.6 厘米
"泰兴"号沉船出水
展出 14 件，其中 3 件中国航海博物馆藏、8 件德
化县陶瓷博物馆藏、3 件泮庐集团藏

敞口微撇，斜弧腹下收，圈足。碗内底
多见涩圈，或不施釉，有见"春"字款。外壁
以立体莲纹和莲托"寿"字纹间隔模印，青花
发色暗淡，外底可分施釉和不施釉两种情况。

青花莲花"寿"字纹碗·一

青花莲花"寿"字纹碗·二

23 | 青花变体梵文大盘
Blue-and-white Porcelain Plates with Pattern of
Sanskrit Corruption

清（1644—1911 年）
高 5.6~6、口径 27.1~28、底径 12.2~13 厘米
"泰兴"号沉船出水
展出 6 件，其中 3 件中国航海博物馆藏、3 件泮庐
集团藏

　　敞口，圆唇稍外翻，斜弧腹，圈足，
圈足及底部未施釉。内壁模印一周变体梵
文，内底涩圈，涩圈内压印方形印章，有
"贺""成春"等，多数模糊不清，也有部分
内底绘花枝纹。外壁绘四组简单的花草或杂
宝等图案。

　　采用模印纹饰的方法，可以快速地把纹
饰印到器物上，便于批量生产。窑工们并不
介意纹饰间的接缝现象，以及印的时候力气
不够导致部分纹饰出现空白的现象，这些模
印纹饰在"泰兴"号沉船中大量出水。

青花变体梵文大盘·一

人物纹

　　"泰兴"号沉船出水瓷器上的人物纹装饰取材广泛，除书生攻读题材外，还有大量的婴戏图及庭院人物图等，体现了当时的生产生活情况和部分社会风俗。

24 青花婴戏纹碗
Blue-and-white Porcelain Bowls with Pattern of
Children Play

清（1644—1911 年）
高 7.7~8.4、口径 16.6~17.7、底径 8.6~8.7 厘米
"泰兴"号沉船出水
展出 8 件，泮庐集团藏

敞口微撇，斜直腹下收，圈足。碗内口沿饰一道弦纹，内底双弦纹内绘一花押款。外壁一面绘庭院婴戏图，一稚童手举莲花，手舞足蹈，一侧绘山石兰花，一侧绘伸出的芭蕉叶；另一面绘一组云纹。底足多绘双圈，内多书"逢源"二字。婴戏纹是瓷器装饰的典型纹样之一，以儿童游戏为题材，明清瓷器装饰中尤为盛行。

青花婴戏纹碗·一

青花婴戏纹碗·二

青花婴戏纹碗·三

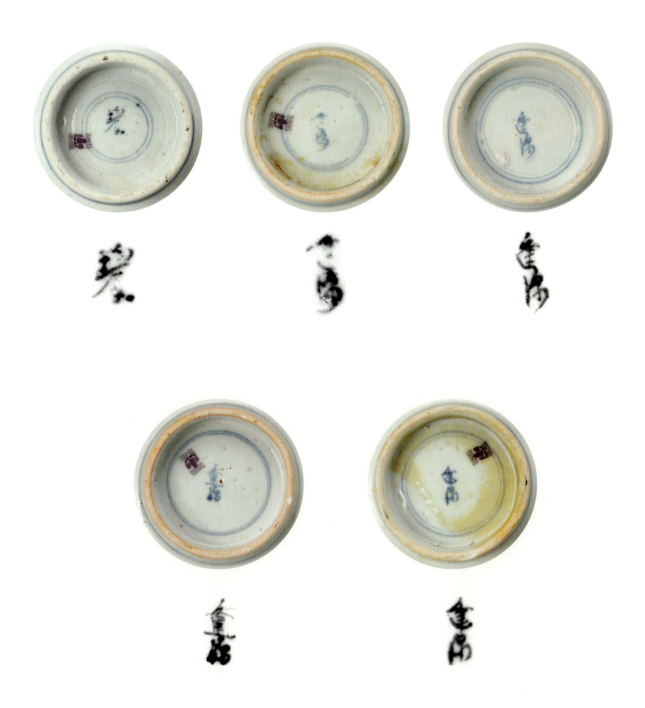

底 款

25 青花人物纹碗
Blue-and-white Porcelain Bowl with Pattern of Figure

清（1644—1911 年）
高 7.8、口径 17.1、底径 8.3 厘米
"泰兴"号沉船出水
展出 1 件，泮庐集团藏

敞口微撇，深腹，圈足。碗内底绘一花
押款。外壁一面绘庭院人物纹，一书生斜倚
盘坐于庭院中，旁边描绘山石、兰草、柳树
等场景，文人气息浓厚；另一面绘一组云纹。
底足绘双圈，内书"逢源"款。

粉 盒

　　粉盒是一种贯穿了千余年的日常用具，在沉船等水下遗址中大量发现，是外销瓷器中的大宗产品。明清时期，粉盒的制造更为多样，以德化窑为例，乳白釉粉盒、青花粉盒应运而生，大量出现，形式多样。

　　"泰兴"号沉船出水的青花粉盒有圆形、圆柱形以及六边形等形制。圆形粉盒数量最多，有大小两种，纹饰多样；圆柱形的青花粉盒盖面纹饰以山水风景和山石牡丹纹为主；而描绘线形花卉图案和锦地边饰的六边形粉盒，几乎是"泰兴"号船货中唯一有棱角的器物。

26 | 青花粉盒
Blue-and-white Porcelain Powder Boxes

清（1644—1911 年）
通高 2.8~3、口径 4.1~4.3、底径 4~4.1 厘米
"泰兴"号沉船出水
展出 23 件，其中 1 件德化县陶瓷博物馆藏、22 件
泮庐集团藏

子母口。器形小巧，盖面微弧，圈足。
盖面纹饰多见"福""寿"等吉祥语，以及圆
圈花、兰草、灵芝、对蝠、杂宝等，部分盒
底足阳刻"成"字款，偶见"王"字款。

青花粉盒·一

青花粉盒·二

青花粉盒·三

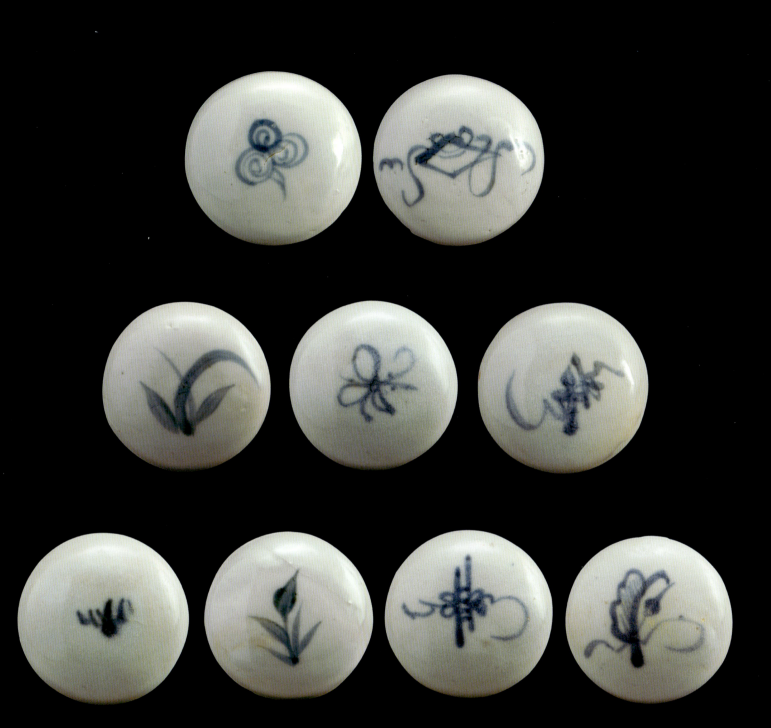

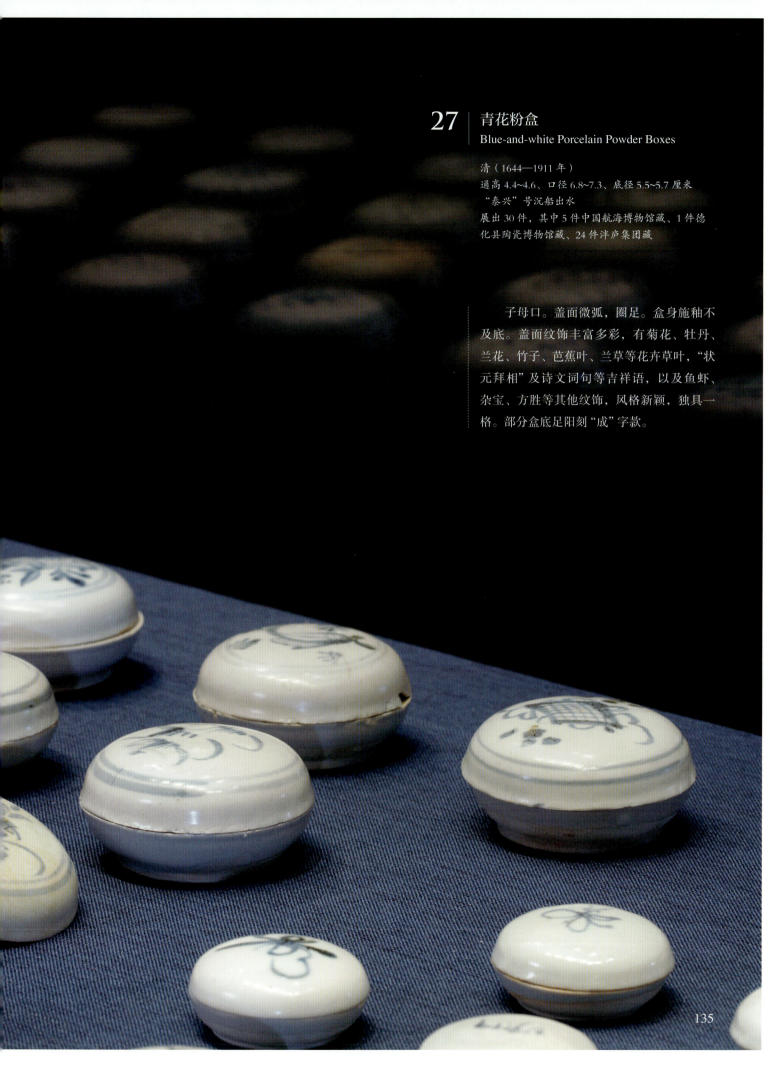

27 | 青花粉盒
Blue-and-white Porcelain Powder Boxes

清（1644—1911 年）
通高 4.4~4.6、口径 6.8~7.3、底径 5.5~5.7 厘米
"泰兴"号沉船出水
展出 30 件，其中 5 件中国航海博物馆藏、1 件德
化县陶瓷博物馆藏、24 件泮庐集团藏

　　子母口。盖面微弧，圈足。盒身施釉不
及底。盖面纹饰丰富多彩，有菊花、牡丹、
兰花、竹子、芭蕉叶、兰草等花卉草叶，"状
元拜相"及诗文词句等吉祥语，以及鱼虾、
杂宝、方胜等其他纹饰，风格新颖，独具一
格。部分盒底足阳刻"成"字款。

青花粉盒·一

青花粉盒·二

青花粉盒·三

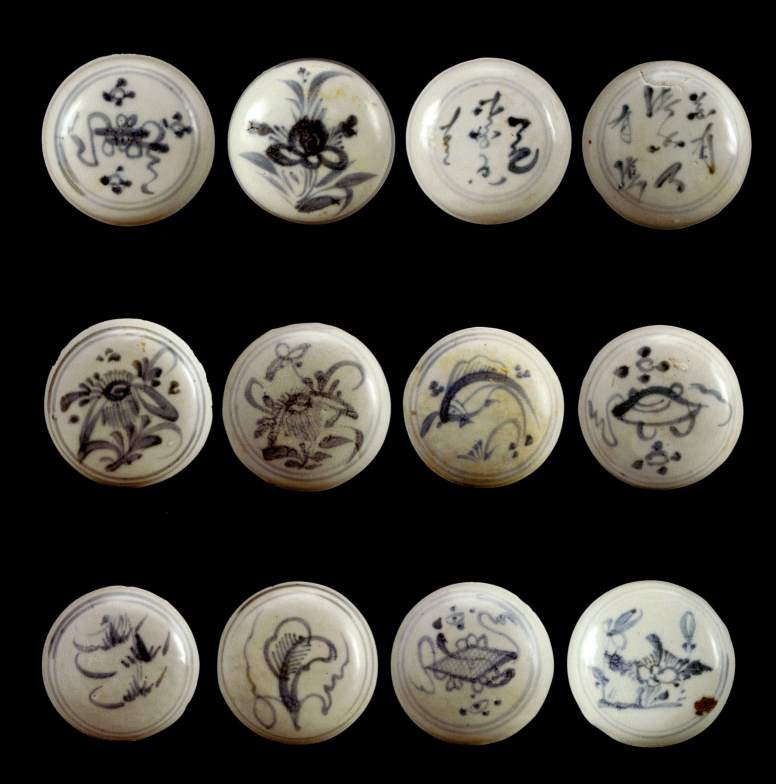

白釉瓷

WHITE GLAZED PORCELAIN

"泰兴"号沉船出水瓷器中，除大量青花瓷外，还有部分白釉器，如碗、杯、匙、粉盒等，多为德化窑产品。

"德化白"是在宋元青白瓷、白瓷烧造基础上发展而来。明代中叶，德化窑烧造了被誉为"中国白"的白釉瓷，胎骨洁白细柔，坚实致密，浑然一体，温润如玉。发展至明代晚期，白瓷烧造技术达到鼎盛，至清代中晚期渐趋衰落。

28 | 白釉碗
White Glazed Porcelain Bowls

清（1644—1911 年）
高 7~7.4、口径 15.7~17.3、底径 7.3~8.4 厘米
"泰兴"号沉船出水
展出 6 件，其中 2 件中国航海博物馆藏、4 件德化
县陶瓷博物馆藏

敞口，深弧腹下收，圈足较高。胎白质
坚，足跟露胎，通体施灰白釉，釉面有零星
棕眼，釉层隐约可见旋坯纹。

白釉碗·二

29 | 白釉杯
White Glazed Porcelain Cups

清（1644—1911 年）
高 3.4~3.6、口径 7.3~7.7、底径 3.2~4 厘米
"泰兴"号沉船出水
展出 14 件，其中 1 件中国航海博物馆藏、6 件德
化县陶瓷博物馆藏、7 件泮庐集团藏

　　敞口微撇，斜弧腹下收，圈足。杯身内
外施白釉，有的略泛青。这类小杯应是作为
喝茶用的器具。

白釉杯

30 | 白釉匙
White Glazed Porcelain Spoons

清（1644—1911 年）
高 2.2~3、长 10.2~10.7、宽 4.4~4.7 厘米
"泰兴"号沉船出水
展出 14 件，其中 2 件中国航海博物馆藏、12 件德
化县陶瓷博物馆藏

形状似烟斗，匙前部如舌状，上翘，柄
弯曲。带沟槽，平底，底外圈露胎。

白釉匙

31 | 白釉印花粉盒
White Glazed Porcelain Powder Boxes with Stamping Pattern

清（1644—1911 年）
通高 3.3~4、口径 4.3~4.5、底径 4~4.1 厘米
"泰兴"号沉船出水
展出 22 件，其中 2 件中国航海博物馆藏、
12 件德化县陶瓷博物馆藏、8 件泮庐集团藏

　　子母口。盖面微弧，圈足。盒身
施釉不及底。盖面印有叶纹，上似伏
有一小兽，回首仰望天上的一轮明月，
叶纹下伸出二条绶带。盒底偶见"成"
字等款。釉色莹润，器形小巧。

白釉印花粉盒·一

白釉印花粉盒·二

白釉印花粉盒·三

32 | 白釉折枝牡丹纹粉盒

White Glazed Porcelain Powder Boxes with Pattern
of Peony with Bent Branch

清（1644—1911 年）
通高 4.4~4.6、口径 6.7~7.8、底径 5.5~5.6 厘米
"泰兴"号沉船出水
展出 22 件，其中 2 件中国航海博物馆藏、10 件德化
县陶瓷博物馆藏、10 件泮庐集团藏

　　子母口。盖面微弧，圈足。釉色莹润，盒
身施釉不及底。盖面中间模印折枝牡丹纹，边
缘饰密集菊瓣纹，部分盒底有阳刻"成"字款。

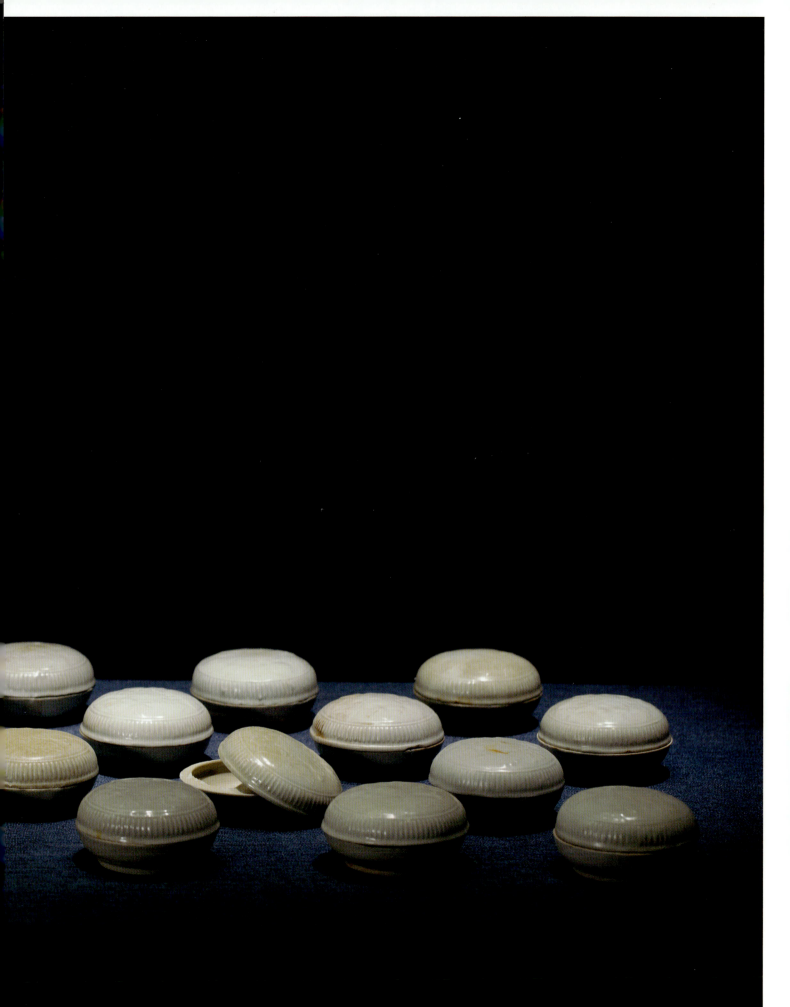

154

白釉折枝牡丹纹粉盒·一

白釉折枝牡丹纹粉盒·二

白釉折枝牡丹纹粉盒·三

"泰兴"号沉船出水的五彩瓷器，以成套的碗、盘、碟为主，以黄、绿、铁红彩料绘制，纹饰多见莲纹、花卉纹、几何纹等，但彩绘多已脱落。

33 | 五彩花卉纹碗

Famille Verte Porcelain Bowl with Pattern of Flower

清（1644—1911 年）
高 7.5、口径 15.3、底径 7.3 厘米
"泰兴"号沉船出水
展出 1 件，德化县陶瓷博物馆藏

敞口微撇，斜弧腹下收，圈足内敛。碗外口沿饰弦纹，外壁绘花卉和菱形锦纹间隔的纹饰带，其下以弦纹间隔绘一周莲瓣纹，近圈足处绘宽弦纹。多用红彩，花卉用黄、绿彩绘制，彩绘多已脱落。

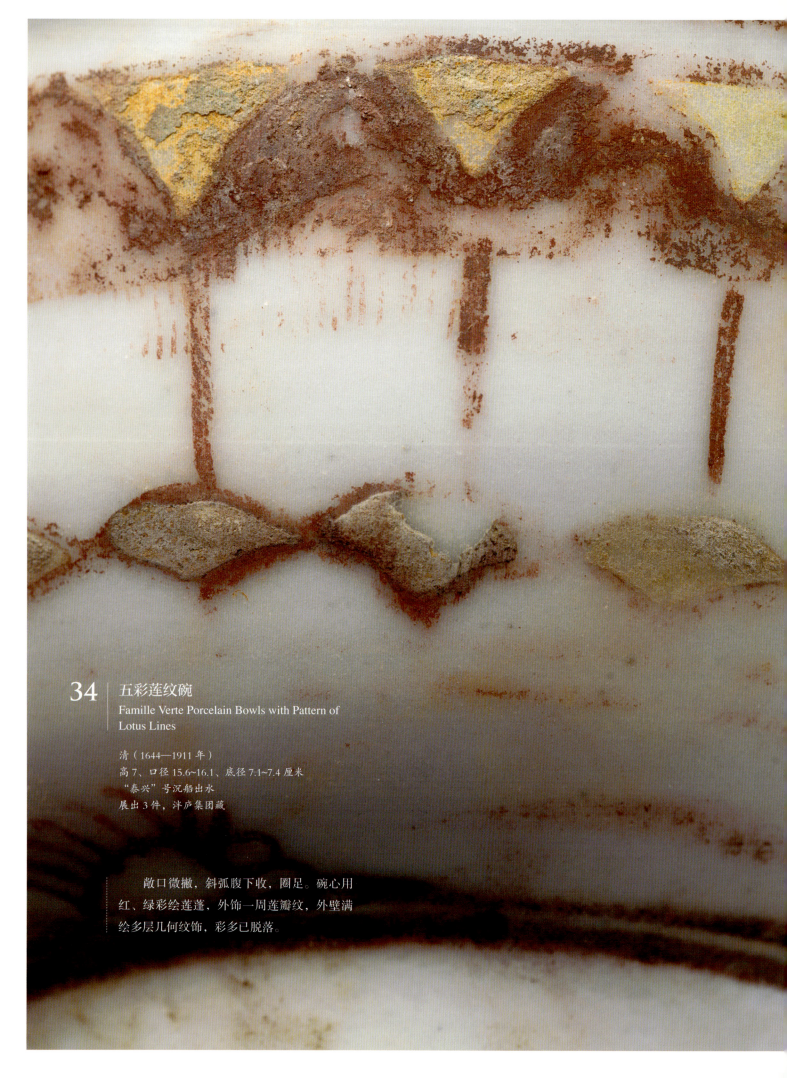

34 | 五彩莲纹碗

Famille Verte Porcelain Bowls with Pattern of
Lotus Lines

清（1644—1911 年）
高 7、口径 15.6~16.1、底径 7.1~7.4 厘米
"泰兴"号沉船出水
展出 3 件，泮庐集团藏

　　敞口微撇，斜弧腹下收，圈足。碗心用
红、绿彩绘莲蓬，外饰一周莲瓣纹，外壁满
绘多层几何纹饰，彩多已脱落。

五彩莲纹碗·一

五彩莲纹碗·二

五彩莲纹碗·三

35 五彩莲纹盘

Famille Verte Porcelain Plate with Pattern of
Lotus Lines

清（1644—1911 年）
高 3.7、口径 19.2、底径 9.7 厘米
"泰兴"号沉船出水
展出 1 件，德化县陶瓷博物馆藏

敞口，浅弧腹，圈足。盘心绘莲蓬，其外围用红、黄、绿彩绘层层莲瓣纹，口沿饰一周蕉叶纹，色彩鲜艳，宛如盛开的莲花。彩绘多已脱落。

36 | 五彩碟
Famille Verte Porcelain Saucers

清（1644—1911 年）
高 1.5~1.8、口径 8~8.5、底径 5.6~6 厘米
"泰兴"号沉船出水
展出 5 件，德化县陶瓷博物馆藏

敞口，浅腹，圈足。内底绘折枝花或团
菊等图案，彩绘已脱落。

　　"泰兴"号沉船出水的青褐釉瓷，包括碟、钵、盖碗、瓶等，有的刻划花卉图案，有的装饰有趣的器纽，此外还有一些非实用性器物，诸如棕色或浅黄色的麻雀俑、牧童骑牛俑等。

37 | 青褐釉碟
Celadon and Brown Glazed Porcelain Saucers

清（1644—1911 年）
高 2.1~2.2、口径 8.7~9.2、底径 3.8~4.2 厘米
"泰兴"号沉船出水
展出 7 件，其中 1 件中国航海博物馆藏、1 件德化
县陶瓷博物馆藏、5 件泮庐集团藏

　　大敞口，斜腹下收，平底内凹。碟内壁
施青褐釉，内底釉色偏深，饰一周弦纹。口
沿及外壁不施釉。

青褐釉碟

38 | 青褐釉钵

Celadon and Brown Glazed Porcelain Alms Bowls

清（1644—1911 年）
高 7.5~8、口径 11.5~12.5、底径 10.5~11 厘米
"泰兴"号沉船出水
展出 2 件，其中 1 件德化县陶瓷博物馆藏、1 件泮庐
集团藏

　　坛口，口微敛，外平沿，圆弧腹下收，平底内凹。外壁施青褐釉，釉不及底，有流釉现象，钵身可见拉坯痕迹，附着海洋生物。

青褐釉钵·一

青褐釉钵·二

39 | 青褐釉盖碗

Celadon and Brown Glazed Porcelain Bowl with
Cover

清（1644—1911 年）
通高 13.2、口径 13.8、底径 11 厘米
"泰兴"号沉船出水
展出 1 件，德化县陶瓷博物馆藏

碗敛口，圆弧腹下收，圈足。穹隆顶盖，
盖顶堆塑一条鱼的形状作纽。

40 | 青褐釉刻花碟

Celadon and Brown Glazed Porcelain Saucer
with Engraved Design

清（1644—1911 年）
高 1.9、口径 10.7、底径 6.5 厘米
"泰兴"号沉船出水
展出 1 件，德化县陶瓷博物馆藏

　　菱口，平折沿，浅斜腹，平底略凹。沿
面刻划一周三角几何纹，内壁刻划双层曲折
回纹，内底刻绘一朵盛开的菊花。纹饰清晰，
釉色经海水浸蚀已脱落。

41 | 青褐釉瓶
Celadon and Brown Glazed Porcelain Vases

清（1644—1911 年）
最大：高 12.8、口径 4.3、底径 5.1 厘米
最小：高 9、口径 3.2、底径 3.5 厘米
"泰兴"号沉船出水
展出 7 件，其中 3 件德化县陶瓷博物馆藏、4 件泮
庐集团藏

　　敞口，直颈微收，溜肩，广圆腹或折腹，
平底微凹。器身施青褐釉，釉不及底，有流
釉现象。

青褐釉瓶·一

青褐釉瓶·二至四

青褐釉瓶·五至六

青褐釉瓶・七

第三单元

悠悠访瓷都

　　德化是中国三大古瓷都之一，陶瓷文化源远流长，博大精深。早在新石器时代，德化先民就开始了陶器的生产；唐末五代开始制瓷，闻名于世，编制了世界第一部陶瓷专著《陶业法》；宋元时期，青白瓷、白瓷远涉重洋，成为"海上丝绸之路"的重要外销商品；明清时期，德化制瓷工艺发展到一个新的历史高峰，烧制的白瓷以玉洁冰清的胎釉质感与独具匠心的造型艺术而享誉盛名，被欧洲人誉为"中国白"，此外，青花瓷也迅速兴起，纷呈异彩，畅销海内外。

千年古窑

MILLENNIUM-OLD KILN

德化目前已发现宋、元、明、清各代窑址180多处。宋代主要烧制青白瓷、青瓷，装饰有划花、印花。划花多见篦划纹；印花是元代普遍使用的装饰方法，大量运用于盒、壶、罐、瓶、军持等器物上。明代成功创烧乳白釉器，闻名于世，装饰以模印、堆塑居多。清代则以青花瓷为大宗，进入全盛时期。

尾林窑址考古发掘揭露的四座窑炉，横跨宋、元、明、清四个朝代，从山上向山下望，堪称"一眼千年"。

崭露头角

青白瓷

青白瓷，又称"影青"。受景德镇窑影响，宋元德化窑以青白瓷为主流，白瓷、青瓷次之，多见于碗、盘、盒、瓶等日常生活用品，在保证实用功能的同时，还注重造型艺术和审美情趣，形成相对独立的产品风格，在古代窑业之林中崭露头角。

44 **德化窑青白釉盏**
Bluish White Glazed Porcelain Bowl of Dehua Kiln

宋（960—1279 年）
高 4、口径 13、底径 5.6 厘米
碗坪仑窑址出土
德化县陶瓷博物馆藏

敞口微撇，斜弧腹下收，圈足，属浅型碗。内外施青白釉，内底涩圈，器表素面无纹。外壁粘连另一件盏的一部分，应是在匣钵内进行了垫圈支烧。

碗坪仑窑址位于德化县城西，以白釉瓷、青白釉瓷和青灰釉瓷为主，另有少量酱褐釉瓷，器物有碗、盘、钵、碟、执壶、注子、军持、瓶、炉、笔洗等，纹饰以花卉为主，印花最多，刻划花次之。

45 德化窑青白釉执壶
Bluish White Glazed Porcelain Ewer of Dehua Kiln

宋（960—1279 年）
高 22、口径 6.3、底径 7.2 厘米
德化县陶瓷博物馆藏

撇口，束长颈，鼓腹，圈足。肩部对称置把手与曲尖管流，把手残。宋代斗茶经常用此类执壶注沸水于碗盏。

46 德化窑青白釉印花八棱粉盒
Bluish White Glazed Porcelain Octagon Powder
Box of Dehua Kiln with Stamping Pattern

宋（960—1279 年）
通高 4.7、口径 10.5、底径 8.6 厘米
碗坪仑窑址出土
德化县陶瓷博物馆藏

　　子母口。八棱形，平底内凹。盒身施釉
不及底，盖面中间印折枝花卉纹，外饰一周
花草纹。
　　德化窑粉盒自宋代烧制以来，历代都有
生产。粉盒采用模制成型，基本形态有圆形、
瓜棱形、八角形、菊瓣形等，平底或微凹。
宋代粉盒形体较为饱满，规格不一，盒盖上
的花纹刻划线条流畅；发展到元代，造型偏
扁鼓瘦削，盒盖纹饰多为模印的莲瓣纹。

47 德化窑青白釉印花粉盒
Bluish White Glazed Porcelain Powder Box of
Dehua Kiln with Stamping Pattern

宋（960—1279 年）
通高 4.5、口径 9.2、底径 7.5 厘米
德化县陶瓷博物馆藏

　　子母口。瓜棱形，平底内凹。盒身施釉
不及底，盖面中间印折枝花卉纹，外环一周
细乳丁纹和连弧纹。

47　德化窑青白釉印花粉盒局部

48 | 德化窑白釉"卍"字粉盒
White Glazed Porcelain Powder Box of Dehua
Kiln with Pattern of 卍

元（1271—1368 年）
通高 5.6、口径 11.3、底径 9.3 厘米
中国航海博物馆藏

　　子母口。盖面微弧，造型偏扁鼓瘦削。
胎质洁白，釉色白中泛黄。盖面中央模印
"卍"字纹，边缘饰连续卷草纹，盒身饰一周
卷草纹。"卍"字在梵文中意为"吉祥之所集"。
　　德化窑粉盒自宋代烧制以来，历代都有
生产。北宋粉盒形体较高，棱角分明，盒盖
上的花纹较为繁缛，线条流畅，南宋渐趋简
约，到了元代，多见模印的莲瓣纹。

49 ｜ 德化窑青白釉菊瓣纹粉盒
Bluish White Glazed Porcelain Powder Box of
Dehua Kiln with Chrysanthemum Pattern

元（1271—1368 年）
通高 4、口径 9、底径 7.3 厘米
屈斗宫窑址出土
德化县陶瓷博物馆藏

　　子母口。盒盖与盒身均呈菊瓣状，器身施釉不及底。
　　屈斗宫窑址位于德化县浔中乡宝美村，是我国宋元时期著名的古外销瓷窑址。烧制产品以白瓷为主，出土器物有碗、盘、碟、瓶、洗、盒、高足杯等十余种，装饰方法多用模印，构图简单，有梅花、莲花、菊花、牡丹等各种花卉和"福""寿""卍"等文字。

50 德化窑白釉粉盒

White Glazed Porcelain Powder Box of Dehua
Kiln

元（1271—1368 年）
通高 2.8、口径 8.4、底径 6.9 厘米
德化县陶瓷博物馆藏

　　子母口。盒盖呈圆弧形，盒身斜直壁，
大平底。盖面环饰一道弦纹，盒身外壁模印
一周竖条纹。

51 | 德化窑青白釉弦纹洗

Bluish White Glazed Porcelain Washing Vessel
of Dehua Kiln with Chord Mark

元（1271—1368 年）
高 2.1、口径 11、底径 7 厘米
屈斗宫窑址出土
德化县陶瓷博物馆藏

敞口，浅腹，平底内凹。内外施青白釉，
芒口，外壁饰一道弦纹。

52 | 德化窑白釉莲瓣纹洗

White Glazed Porcelain Washing Vessels of Dehua Kiln with Pattern of Lotus Petals

元（1271—1368 年）
高 3.4~3.8、口径 10.3~10.7、底径 6.5~6.7 厘米
屈斗宫窑址出土
德化县陶瓷博物馆藏

三件。敞口，斜直壁微弧，平底稍内凹。外壁模印莲瓣纹，有的莲瓣细长，有的莲瓣略微肥厚。莲纹，德化窑最盛行的一种装饰题材。这类莲瓣纹洗是元代德化窑的典型器。

53 | 德化窑青白釉军持

Bluish White Glazed Porcelain Kundika of Dehua
Kiln

宋（960—1279 年）
高 15、口径 8.8、底径 7 厘米
德化县陶瓷博物馆藏

　　喇叭口，束长颈，鼓腹扁圆，饼足微内凹，上腹置斜管流，口、流微损已修。颈部饰数道弦纹，腹部上下分别模印覆、仰莲瓣纹。腹部为合模制作，流管、口颈部则分别粘接。

　　军持，梵语的音译，意谓"水瓶"，是佛教僧侣用于饮水、净手之器，亦为伊斯兰教徒所用，往麦加朝圣礼拜时贮盛圣水。青白釉和白釉军持是宋元德化窑的大宗产品，以供东南亚等地需求。军持一般为喇叭口，束长颈，鼓腹，平底或饼足微凹，器分上下模制成型，腹中部衔接痕迹明显。宋代军持形体较为丰满，一般为青白偏灰色；元代军持形体较宋代瘦削，多见白釉或青白釉。

54 | 德化窑白釉军持

White Glazed Porcelain Kundika of Dehua Kiln

元（1271—1368 年）
残高 7.8、底径 6.7 厘米
德化县陶瓷博物馆藏

　　军持颈部以上失，已修复，折腹，假圈足平底。上腹部由上至下饰莲瓣纹、卷草纹，下腹部纹饰与上腹部对称。此为元代德化窑军持的典型造型。

独树一帜
中国白

明代德化窑白瓷烧造工艺进一步改进，其釉面在光照下隐现出乳白色，被世人誉为"少女白""猪油白""象牙白"。远销欧洲后，外国人给它取了一个响亮的名字——"中国白"，德化白瓷由此成为中国白瓷的杰出代表。

55 | 德化窑白釉花卉纹杯
White Glazed Porcelain Cup of Dehua Kiln with Flower Pattern

明（1368—1644 年）
高 6、口长径 9.5、口短径 8.1、底径 3.5 厘米
德化县陶瓷博物馆藏

杯口呈椭圆形，敞口外撇，深腹斜收，杯底略弧，下承五乳足。腹壁贴塑折枝花卉。通体施乳白釉，釉水莹润光洁，足底露胎，胎质坚致细腻。

饮食用器

　　饮食用器是明清德化白瓷的一大器类，有杯、盏、壶、碗、盘、碟等，其中以一系列的酒具最富有特色。德化窑创烧的酒具器类，造型丰富，制作精美，其中一种盏杯类酒具造型最多见，借鉴了同时代的犀角杯，用堆贴的装饰技法呈现出精雕细琢的艺术效果，常见题材有松鹿、螭龙、八仙、梅花等，尤以清新典雅的梅花杯为代表。

56 德化窑白釉梅花杯

White Glazed Porcelain Cup of Dehua Kiln with Plum Blossom Pattern

明（1368—1644 年）
高 6、口长径 9.3、口短径 7.5、底长径 4.5、底短径 3.5 厘米
德化县陶瓷博物馆藏

　　杯口呈椭圆形外侈，斜曲圆腹，圈底。杯身一面堆贴遒劲的梅枝与盛开的梅花，另一面堆贴一株玉兰花，杯底周边附以枝干为托，下承镂空梅枝状足。通体施白釉，釉水莹润，足底露胎，胎体略厚重，胎质细白坚致。

　　此类梅花杯是一种犀角杯简化的杯类形制，是德化窑独有的造型。明至清早期，梅花五瓣形瘦，气韵生动，其后渐趋形肥而呆板。17世纪晚期，欧洲静物画中出现德化窑梅花杯的形象，是德化白瓷输入西方的物证。

White Glazed Porcelain Cups of Dehua Kiln with Flower Pattern

清（1644—1911 年）

左 1：高 4.7、口径 6.1、底径 2.4 厘米

左 2：高 3.8、口长径 6.3、口短径 5.5、底长径 3、
底短径 2.5 厘米

左 3：高 4、口长径 6.8、口短径 5.5、底长径 3、
底短径 2.6 厘米

左 4：高 4.8、口径 6.2、底径 2.6 厘米

德化县陶瓷博物馆藏

四件。其中两件（左 2、左 3）杯口呈椭圆形外侈，斜曲圆腹，圈底，镂空底足，外壁对称堆贴折枝牡丹或折枝梅花，胎体轻薄透光，釉色莹润。另两件（左 1、左 4）为八角形，口略外侈，深长腹，下承镂空底足，外壁贴塑折枝牡丹或折枝梅花，胎体略厚。在中国民间，"八"是一个吉祥的数字，明清德化窑制作的八角杯也比较流行。

58 | 德化窑白釉油漏
White Glazed Porcelain Oil Funnel of Dehua Kiln

清（1644—1911 年）
高 16.9、口径 10.7 厘米
德化县陶瓷博物馆藏

　　漏斗形，敞口，直壁，平底，底部均匀分
布多个圆孔。下承一圆管状流，上大下小，流
口倾斜。

59 | 德化窑白釉笔洗
White Glazed Porcelain Brush Washer of Dehua Kiln

明（1368—1644 年）
高 2.8、口长 12.5、口宽 7.6、底长 10.9、底宽 6.3 厘米
德化县陶瓷博物馆藏

扇形，直口，浅腹，足对应呈扇形。扇形长边一侧的外壁口沿下饰一道回纹，底中央有"子信"款方章。细白胎，施象牙白釉，胎釉结合紧密，浑然一体，釉面滋润。

文房清供

文房书斋是居家陈设中最反映精神生活之所，文房清供是对中国书房案头用品的一种泛称，俗称"文玩"。此类器具明清德化窑多有烧造，如洗、盒、砚滴、水注、笔筒、砚屏等，取材丰富，构思巧妙，造型别致，融实用和观赏为一体，与笔墨纸砚构成了文房书斋的案头山水。

60 | 德化窑白釉荔枝洗
White Glazed Litchi-shaped Porcelain Washing Vessel of Dehua Kiln

明（1368—1644 年）
高 4.2、底长 5.5、底宽 5 厘米
甲杯山窑址出土
德化县陶瓷博物馆藏

　　整器模仿荔枝形状，开小口，表面满缀麻尖点，其上堆贴折枝花果。胎体轻薄，釉水莹润，形体精巧别致，属文房用具，亦可供观赏雅玩。

　　甲杯山窑址位于德化县龙浔镇宝美村，系元明时期窑址。以烧白瓷为主，釉色有白、乳白、青白等色，以乳白色为多，器形有碗、盘、杯、碟、盏、洗、砚滴、罐、瓶、盒以及瓷塑的人物、动物等，其中以杯的种类和数量最多。这些器物中有不少与国内外的传世品相同或相似，说明甲杯山窑址的产品曾有外销。

61 德化窑白釉折枝梅花纹蟋蟀盒

White Glazed Porcelain Cricket Pot of Dehua
Kiln with Pattern of Plum Blossom with Bent
Branch

清（1644—1911 年）
通高 5、盖长径 13.2、盖短径 6.8、底长径 10.5、底
短径 5.5 厘米
德化县陶瓷博物馆藏

　　子母口。整体呈长方形，倭角。盒盖作
宽平沿，内里下凹浅平，中间镂雕两个铜钱
纹。盒身直腹，下微收，平底，腹部一侧堆
贴寒梅图，梅花朵朵盛开。

62 | 德化窑白釉花卉纹花生形盒

White Glazed Peanut-shaped Porcelain Box of Dehua Kiln
with Flower Pattern

明（1368—1644 年）
通高 4.8、底长径 8、底短径 3.3 厘米
德化县陶瓷博物馆藏

　　子母口。整体系像生造型，模仿花生形状，椭圆
形，束腰。盖面饰折枝牡丹，盖面四周及盒身外壁饰
缠枝莲花，纹饰皆为浅浮雕。胎质洁白密致，除口沿
子母口套合处和足跟处外，通体施釉，釉呈乳白色，
质感比较滋润。

陈设、供奉用器

　　室内陈设是中国传统居室文化的重要组成部分，器物对于营造居室环境、彰显生活品质与精神气质发挥着重要作用。德化窑烧造的器类中，多见陈设和供奉之用的炉、瓶之器，炉的形制丰富，有簋式炉、鬲式炉、筒式炉等，瓶类以觚形器常见，常组成"三供""五供"的器物组合，造型古朴典雅，浑然天成。

63 德化窑白釉花觚

White Glazed Gu-shaped Porcelain Vessel of
Dehua Kiln

明（1368—1644 年）
高 9.5、口径 6.5、底径 4 厘米
德化县陶瓷博物馆藏

　　喇叭口外撇，深长腹，中腰凸起，二层台式圈足。器身施乳白釉，釉色莹润光洁，内壁及足底露胎。觚是明代常见的仿古瓶类，多作陈设、供奉之用。

德化窑白釉兽耳琮式瓶

White Glazed Cong-shaped Porcelain Bottle of
Dehua Kiln with Animal Ears

明（1368—1644 年）
高 30.7、口径 8.8、底径 11.9 厘米
德化县陶瓷博物馆藏

圆口，短颈，方柱形长身，圈足，腹部
两侧靠上的位置对称堆贴一兽首衔环。器表
施白釉，造型修长而稳重，多作陈设用器。

琮式瓶始见于宋。宋代盛行仿古之风，
这种瓶式系仿照新石器时代良渚文化的玉琮
外形加以变化而成，其器内圆外方，象征天
圆地方。南宋官窑、龙泉窑均有这种器形，
明代广东石湾窑也多产此类瓶，多施月白釉。
入清以后，瓶身四面凸起的横线装饰逐渐演
变为八卦纹，故后期又被称为"八卦瓶"。

65 | 德化窑白釉双耳瓶
White Glazed Porcelain Bottle of Dehua Kiln
with Double Ears

明（1368—1644 年）
高 20.5、口径 7.7、底径 7.5 厘米
德化县陶瓷博物馆藏

　　盘口，长束颈，圆鼓腹下收，假圈足外撇。颈部饰对称兽形耳，肩颈交界处和束胫处各饰一道凸弦纹。通体施白釉，色偏牙黄色，底不施釉。此类瓶多作陈设供器，香炉、一对双耳瓶、一对烛插组成的五供器可谓是明嘉靖时期德化窑的标准器。

德化窑白釉夔龙纹竹节如意三足炉
White Glazed Three-leg Porcelain Burner
of Dehua Kiln with Pattern of Kui Dragon,
Bamboo Joint and Ruyi

明（1368—1644 年）
高 7.2、口径 10.8、底径 10.2 厘米
德化县陶瓷博物馆藏

敞口，平沿，筒腹，平底微凸，底沿附
三如意头状足。外壁上下分饰三道凸弦纹，
形似竹节，第一道和第二道弦纹间印对称回
地六夔纹。内外壁均施乳白釉，釉色莹润光
洁，内外底均露胎，胎质坚致细白。造型精
致，一般为陈设和供奉用器。

德化窑白釉兽面三足炉
White Glazed Animal-faced Three-leg Porcelain
Burner of Dehua Kiln

明（1368—1644 年）
高 4.8、口径 15.5、底径 7.4 厘米
德化县陶瓷博物馆藏

　　敞口，平沿，鼓腹下收，饼状足凸出，底承三足，为典型的狮头足，有接痕。腹外壁饰三道弦纹。胎釉莹润，呈象牙白色，一般为陈设和供奉用器。

68 | **德化窑白釉油盏**
White Glazed Porcelain Cresset of Dehua Kiln

明（1368—1644 年）
高 7.2、口径 11.2、底径 5.1 厘米
德化县陶瓷博物馆藏

　　敛口，圆弧腹下收，圈足。腹壁镌刻有
铭文。内外壁施乳白釉，釉色莹润柔和，底
足露胎，胎坚致厚实，洁白细腻。此类油盏
一般配有镂空底座，多用于供奉。

69 | 德化窑白釉狮形香插
White Glazed Lion-shaped Porcelain Incense Pedestals of Dehua Kiln

明（1368—1644 年）
左：高 11.5、底长 6、底宽 4.5 厘米
右：高 12.5、底长 5.8、底宽 4 厘米
德化县陶瓷博物馆藏

一对。狮昂头，眼外凸，开口露齿，脖上佩铃，一左脚踩球，一右脚踩球，蹲坐于扁方形底座上，底座一角有一供香插柱，狮身与座系两半模印合成。通体施白釉，釉色莹润光亮。此类狮形香插通常作为一对相应摆设，一般为陈设和供奉用器。

狮子这一艺术形象是中国传统的吉祥装饰纹样，其特有的艺术语言和装饰风格深受民众的喜爱。而德化窑的狮子形象具有南方闽粤沿海一带特色，地域风格浓郁。

释道陶然

　　德化窑在明代大量烧造佛像和供佛所需的炉瓶器类，和整个社会的文化背景以及宫廷和民间宗教信仰密不可分，更有着福建地域文化的特色。

　　供奉所需的释道人物塑像，是明清德化窑烧造的一种重要器物类型。德化窑的匠师们吸收了同时代木刻、石刻、泥塑、铜铸等技法，利用当地瓷土可塑性强的特点，塑造出了众多释道人物，把德化窑的工艺技术推向历史巅峰。其题材以佛教人物居多，如观音、达摩、如来、弥勒、罗汉等，还有道教人物，如福德正神、文昌帝君、和合二仙、真武大帝等，另有关公、妈祖、玄天大帝等民间信仰人物，以及李白等历史人物，或坐，或立，或卧，形态迥异，无不惟妙惟肖，栩栩如生，代表着中国瓷雕艺术的最高成就。

70 德化窑白釉"何朝水"款披坐观音
White Glazed Porcelain Sitting Statue of Guanyin
(Bodhisattva Avalokitesvara) of Dehua Kiln with
Inscription of *He Chaoshui*

明（1368—1644 年）
高 21.7、底长 14、底宽 11 厘米
德化县陶瓷博物馆藏

　　观音头发螺髻，风帽连内衣，面形圆润饱满，圆溜肩趺坐，佩戴如意云形璎珞与串珠，拱手拢于衣内，右腿微屈，左腿盘坐，长衣曳地。背部钤"何朝水"双印章，上为葫芦形，下为方形。胎质细白，釉色莹润洁白，雕工柔美流畅，衣褶线条飘逸，观音神情祥和，是典型的德化"中国白"作品。

71 | 德化窑白釉"筍江山人"款立云观音

White Glazed Porcelain Statue of Guanyin (Bodhisattva Avalokitesvara) Standing on Cloud of Dehua Kiln with Inscription of *Sun Jiang Shan Ren*

明（1368—1644 年）
高 42.5、底长 11.2、底宽 9.6 厘米
德化县陶瓷博物馆藏

　　观音微微侧身，头饰高髻花冠，上覆披巾垂肩，身着宽袖长衣，内露长裙曳地，胸前饰一串璎珞，左手搭于右手之上，右手外伸作接引状，赤足立于祥云之上。背部阴刻"筍江山人"款。站姿优雅，仪态静谧。白胎坚实厚重，釉水润白微泛青，釉面多处冰裂纹。

72 德化窑白釉送子观音
White Glazed Porcelain Statue of Guanyin
(Bodhisattva Avalokitesvara) Giving a Baby of
Dehua Kiln

明（1368—1644 年）
高 24.6、底长 10、底宽 6.2 厘米
德化县陶瓷博物馆藏

观音身穿斗篷式袈裟，低眉若有所思，
双手抱一童子，左腿盘坐，右腿斜倚，坐于
镂空山形座上。童子呈立姿，右手抱一莲叶。
整体釉水肥润，刀法深刻。

73 德化窑白釉布袋弥勒坐像
White Glazed Porcelain Sitting Statue of
Maitreya of Dehua Kiln

清（1644—1911 年）
高 15.4、底长 14.8、底宽 10 厘米
德化县陶瓷博物馆藏

　　弥勒大光头，开脸大方，五官凹凸有致，眼口皆恣笑，大耳垂肩，身体壮硕，袒胸露腹，挂佛珠，左腿屈膝，右腿内盘坐于蒲团上，一手扶膝，一手抓布袋，和眉善目，形态憨厚诙谐。弥勒是佛教菩萨之一，中国民间又称"布袋和尚"，以笑口常开、大腹便便闻名，此像淋漓尽致地表现了其诙谐可人之态。

74 德化窑白釉文昌帝君
White Glazed Porcelain Statue of Emperor
Wenchang (God of Literature) of Dehua Kiln

清（1644—1911 年）
高 25.5、底长 13、底宽 10.7 厘米
德化县陶瓷博物馆藏

　　文昌帝君头戴垂脚唐式巾帽（又称"进士冠"），两巾脚缚于后分垂至肩膀两侧，"国"字形脸庞，丹凤眼，大耳，嘴角四周孔隙原应填充须髯。身着宽袖长袍，正襟危坐，左手回握，应执有玉如意，右手自然下垂，两足蹬靴微露。文昌帝君是民间传说中的掌文运之神，此塑像上刻划仙鹤纹，衣摆各处都有暗花，其余袖臂及衣身下摆随手足之势，或弯曲转折，或凸起拖曳，或深陷掩映，极富层次变化。胎白坚实厚重，白釉润泽微泛青。

77 ｜ 德化窑青花花卉纹供盘
Blue-and-white Porcelain Enshrining Plate of
Dehua Kiln with Flower Pattern

清（1644—1911 年）
高 5.6、口径 20、底径 7.2 厘米
德化县陶瓷博物馆藏

　　敞口，斜弧腹，圈足略高。盘外壁绘洞石花卉纹，山石一侧绘牡丹，另一侧绘菊花，山石相对处绘对蝠纹，圈足上饰双弦纹，圈足内署一花押款。该盘内壁未绘纹饰，外壁纹饰精美，可作为盖使用。

78 德化窑青花过墙龙纹盘

Blue-and-white Porcelain Plate of Dehua Kiln
with Pattern of Crossing-wall Dragon

清（1644—1911 年）
高 4.2、口径 18.3、底径 9.4 厘米
德化县陶瓷博物馆藏

敞口，斜弧腹，圈足。内壁绘云龙纹，云纹较为呆板，龙身扭曲，龙尾部分延伸到外壁，谓之"过墙"，也称为"过枝"。器内外壁纹饰布局精巧，浑然一体，层次分明，可谓独具匠心，表现出神龙见首不见尾的神秘感。

《饮流斋说瓷》载："过枝者自彼而达于此而枝叶连属之谓也，成化开其先，雍正继其轨。"但传世未见明成化时期的过枝纹饰器物，清雍正、乾隆时期较为流行，有过枝花卉、花果及龙纹等。

79 | 德化窑青花兽耳鼓形盖罐
Blue-and-white Porcelain Drum-shaped Jar with Cover of Dehua Kiln with Animal Ears

清（1644—1911 年）
通高 13.5、口径 8.1、底径 8.5 厘米
德化县陶瓷博物馆藏

　　子母口。盖平整，中间堆塑双寿桃纽，盖沿双弦纹间饰以三组草叶纹。罐敛口，溜肩，圆鼓腹下收，平底，颈部、胫部饰乳丁纹，腹部上下各饰双弦纹，中间一面绘房屋、树木、山川等风景，另一面绘兰草纹，两侧对称各堆塑一兽形铺首。

80 | 德化窑青花折枝花卉纹瓶

Blue-and-white Porcelain Vase of Dehua Kiln
with Pattern of Flower with Bent Branch

清（1644—1911 年）
高 13.8、口径 5.4、底径 5 厘米
德化县陶瓷博物馆藏

　　喇叭口，束颈，鼓腹，假圈足，平底内
凹。瓶施釉不及底，一面绘折枝牡丹纹，花
形硕大，枝繁叶茂，另一面绘对蝠纹。该器
形及图案曾大量外销，为典型的外销瓷。

81 | 德化窑青花梅雀纹笔筒

Blue-and-white Porcelain Brush Container of Dehua Kiln with Pattern of Plum Blossom and Bird

清（1644—1911 年）
高 10.6、口径 9.3、底径 8.6 厘米
德化县陶瓷博物馆藏

直口微撇，束腰，平底内凹。外壁一侧绘喜鹊登梅图，寓意"喜上眉梢"，旁边绘有一株莲花，另一侧绘虫草小景。

笔筒是文房用具之一，瓷质笔筒始于明嘉靖、万历年间，多为直口平底，口底相若，腰微束，早期多见粗壮形制，后逐渐向瘦长发展。

82 | 德化窑青花卷草纹碗

Blue-and-white Porcelain Bowl of Dehua Kiln
with Pattern of Floral Scrolls

清（1644—1911 年）
高 5.3、口径 14.8、底径 5.9 厘米
德化县陶瓷博物馆藏

敞口，斜弧腹下收，圈足。碗外壁满饰
缠枝卷草纹，底足画一花押款。青花发色淡
雅，釉色莹润，胎白质坚。

83 | 德化窑青花"寿"字纹三足炉

Blue-and-white Porcelain Three-leg Burner of Dehua Kiln with Pattern of Chinese Character *Shou* (longevity)

清（1644—1911 年）
高 10.2、口径 27.3、底径 13.5 厘米
德化县陶瓷博物馆藏

敞口，口沿外翻，短束颈，丰肩，圆腹，下承三足，平底露胎。颈部饰一周波纹和短竖条纹，肩部饰三角折线纹，腹部环饰 30 个不同字体的"寿"字，形态各异，下接一周简体莲瓣纹。

"寿"字纹是中国传统纹饰之一。在中国的传统观念中，以寿、富、康宁、修好德、考终命为"五福"，其中"寿"列"五福"之首。"寿"字含义丰富，字体变化多端，在古代深得君主官宦以及平民百姓的喜爱，常用于各类器物的装饰。

84 德化窑青花山水人物纹三足炉

Blue-and-white Porcelain Three-leg Burner of
Dehua Kiln with Pattern of Landscape and Figures

清（1644—1911 年）
高 9.3、口径 20、底径 10.8 厘米
德化县陶瓷博物馆藏

敞口，口沿外翻，短束颈，丰肩，鼓
腹，下承三足，平底露胎。颈部饰方胜、宝
珠等杂宝纹，腹部环饰山水人物纹，山水、
树石、飞鸟、小桥、人物等布局有序，远近
层次清楚。

五彩缤纷
色釉瓷

明清时期，德化窑还烧制酱釉、蓝釉、五彩、素三彩、粉彩等其他颜色釉和彩绘瓷，其造型、胎质、绘画风格与青花瓷、白瓷等演变规律基本一致。

85 德化窑五彩花卉纹双耳瓶
Famille Verte Double-ear Porcelain Vases of
Dehua Kiln with Flower Pattern

明（1368—1644 年）
高 14、口径 5.3、底径 5.6 厘米
德化县陶瓷博物馆藏

一对。喇叭口，长束颈，圆鼓腹下收，束胫，圈足外撇。瓶颈部饰对称双耳，双耳结构简单，其造型常见于出土器形。颈部、腹部釉上五彩绘折枝牡丹纹，双耳和牡丹枝干为蓝色，叶为绿色，花为红色，圈足处饰双弦纹。足底深挖不施釉。

86 | 德化窑五彩折枝花卉纹供盘

Famille Verte Porcelain Enshrining Plates of Dehua Kiln with Pattern of Flower with Bent Branch

清（1644—1911 年）
左：高 5.1、口径 13.5、底径 5.4 厘米
右：高 5.7、口径 13.3、底径 5.9 厘米
德化县陶瓷博物馆藏

一对。敞口，宽折沿，浅平腹，高圈足外撇。盘心绘朵花，四周分饰莲、菊、梅等四季花卉，间以蝴蝶、蜻蜓等草虫纹点缀。高圈足中间有一周凸棱，下用绿彩绘海浪和波涛纹。

261

87 ｜ 德化窑五彩梅兰竹菊纹供盘

Famille Verte Porcelain Enshrining Plate of
Dehua Kiln with Pattern of Plum Blossom,
Orchid, Bamboo and Chrysanthemum

清（1644—1911 年）
高 7.1、口径 16、底径 6.6 厘米
德化县陶瓷博物馆藏

　　敞口，平折沿，浅平腹，高圈足外
撇。盘心绘双寿桃纹，四周以红绿彩分
饰梅、兰、竹、菊四君子图。外壁绘三
组枝叶纹，高圈足中间有一周凸棱，下
绘双层波浪纹。

远销世界
WORLDWIDE POPULARITY

德化窑的历代产品，以日用饮食生活器皿为大宗，符合世界各国人民所需。宋元以至明清，得益于泉州港、月港、厦门港等繁荣的海外贸易，德化窑产品大量销往"海上丝绸之路"沿线国家和地区，成为"海上丝绸之路"上最重要的外销瓷之一。

▌历代重要沉船出水德化窑瓷器简表

🚢 沉船	🕐 时代	🍽 出水德化窑瓷器情况
"南海一号"沉船	南宋	• 出水德化窑青白瓷，有碗、盘、碟、钵、洗、粉盒、执壶、盏、四系罐、瓶等。
"华光礁一号"沉船	南宋	• 出水德化窑青白瓷，有碗、粉盒、执壶、瓶、葫芦瓶等。
泉州湾后渚港沉船	南宋	• 出水许多德化窑瓷器，有碗、碟、粉盒等。
新安沉船	元代	• 出水部分德化窑瓷器，有大口碗、高足杯、弦纹洗等。
东山县东古湾沉船	明代	• 出水德化窑瓷器，有碗、杯、碟、匙等。
哈彻大帆船	明崇祯时期	• 出水少量德化窑白瓷，有瓺、杯、炉、壶、碗等日用品，以及一些佛像瓷塑和西方世俗人物瓷塑等。
牙买加沉船	明清时期	• 出水有明末清初的德化窑瓷塑、白釉杯等。
"伍斯特兰德"号沉船	清代	• 出水有德化白釉塑像。
西沙"北礁一号"沉船	清代	• 出水德化窑瓷器，有碗、盘等，如青花变形"寿"字纹碗、青花变形"寿"字纹盘、青花火龙纹盘等。
"头顿"号沉船	清康熙时期	• 出水德化窑青花瓷，有碗、杯、盘、汤匙、盒、观音塑像等。
"平顺"号沉船	清早期	• 出水有德化窑白釉碗、杯、盘、盒、人物与动物塑像等。
"哥德马尔森"号沉船	清乾隆时期	• 出水德化窑青花瓷和白瓷，有碗、杯、碟、瓷塑人物等。
"哥德堡"号沉船	清乾隆时期	• 出水有德化窑白瓷。
"泰兴"号沉船	清道光时期	• 出水德化窑青花瓷数量庞大，主要有碗、杯、盘、碟、盒、盖碗、匙等。
泉州大竹岛沉船	清中晚期	• 出水德化窑青花、五彩瓷，器类以碗、盘为主，及少量的碟、杯等。
山东蓬莱墟里沉船	清中晚期	• 出水德化窑酱釉小杯、青花小杯、青花梅花纹碟等。
漳州龙海白屿沉船	清中晚期	• 出水德化窑青花变体"寿"字纹大盘等。
漳州龙海九节礁沉船	清中晚期	• 出水德化窑青花"寿"字纹大盘、白釉汤匙等。
平潭"碗礁二号"沉船	清晚期	• 出水德化窑青花变体"寿"字纹大盘、青花山水纹碗等。

88 德化窑青白釉莲瓣纹小瓶
Bluish White Glazed Porcelain Vase of Dehua
Kiln with Pattern of Lotus Petals

南宋（1127—1279 年）
高 11.2、口径 6、底径 5.6 厘米
中国航海博物馆藏

　　喇叭口，束颈，圆鼓腹下收，圈足外撇。
腹部饰四层莲瓣纹，圈足上刻划一周卷草纹。
此类小瓶俗称"马可波罗"瓶，在宋元时期大
量外销，"南海一号""华光礁一号"等南宋
沉船都有出水。

89 | 德化窑青白釉莲瓣纹小瓶
Bluish White Glazed Porcelain Vase of Dehua
Kiln with Pattern of Lotus Petals

南宋（1127—1279 年）
高 11.6、口径 6.2、底径 5.9 厘米
中国航海博物馆藏

喇叭口，束颈，圆鼓腹下收，圈足外
撇。腹部饰四层莲瓣纹，圈足上刻划一周
覆莲瓣纹。

90 | 德化窑青白釉葫芦瓶

Bluish White Glazed Gourd-shaped Porcelain
Vase of Dehua Kiln

宋（960—1279 年）
高 8.5、口径 1.3、底径 5 厘米
中国航海博物馆藏

蒜头形口微敛，扁圆腹，大平底内凹。
肩腹部饰二层覆莲瓣纹，下饰一周细乳丁纹，
下腹部印一周菊瓣纹。

91 ｜ 德化窑青白釉粉盒
Bluish White Glazed Porcelain Powder Box of
Dehua Kiln

宋（960—1279 年）
通高 7.6、口径 10.3、底径 9.8 厘米
中国航海博物馆藏

　　子母口。菊瓣形，大平底内凹。盖面连
弧线内饰一朵盛开的牡丹。

92 ｜ 德化窑青白釉粉盒
Bluish White Glazed Porcelain Powder Box of
Dehua Kiln

宋（960—1279 年）
通高 3.5、口径 6.1、底径 6 厘米
中国航海博物馆藏

　　子母口。菊瓣形，大平底内凹。盖面中
间点缀七朵太阳花。

93 德化窑克拉克瓷盘
Kraak Porcelain Plate of Dehua Kiln

清（1644—1911 年）
高 6.4、口径 38、底径 17.4 厘米
德化县陶瓷博物馆藏

敞口，宽板沿，弧壁，矮圈足。盘心采用双勾平涂画法绘折枝花卉和一朵小菊花，外饰十段连弧纹，连弧纹内间饰鱼鳞锦和"卍"字纹。内壁饰 20 个开光，内分别饰折枝花卉、鱼鳞锦、"卍"字纹和杂宝图案。此盘承袭景德镇明万历以来青花锦地开光的形制风格，在外销瓷中被称为"克拉克瓷"，日本学者称之为"芙蓉手"。

克拉克瓷为著名外销瓷器品类，典型器为青花开光瓷盘，盘口呈圆形，盘心绘主题纹饰，内壁饰多个扇形开光，其时代应以明嘉靖、隆庆时期为上限，清雍正、乾隆时期为下限。关于克拉克瓷的产地，有江西景德镇、福建平和、福建德化等多种观点。

94 ｜ 德化窑青花卷草纹盘

Blue-and-white Porcelain Plate of Dehua Kiln
with Pattern of Floral Scrolls

清（1644—1911 年）
高 3.1、口径 19、底径 8.6 厘米
德化县陶瓷博物馆藏

　　敞口，浅弧腹，圈足。盘心绘一朵团花，内壁绘常青藤缠枝勾莲纹，外壁分饰四组简笔折枝花纹，底足画一方块款。

95 德化窑青花火龙纹盘
Blue-and-white Porcelain Plate of Dehua Kiln
with Pattern of Fire Dragon

清（1644—1911 年）
高 3、口径 17.7、底径 10.5 厘米
德化县陶瓷博物馆藏

　　敞口，浅弧腹，圈足。盘内口沿饰一道弦纹，下绘四组抽象云纹，盘心满饰一周火焰纹，中间绘抽象的夔龙，青花发色暗淡。"泰兴"号沉船出水有此类青花火龙纹盘。

德化窑青花灵芝纹碗
Blue-and-white Porcelain Bowls of Dehua Kiln
with Pattern of Glossy Ganoderma

清（1644—1911 年）
通高 24.8、通宽 23.5 厘米
德化县陶瓷博物馆藏

　　此件青花灵芝纹碗的窑烧黏结物，与
"泰兴"号出水的青花灵芝纹碗一致，展现了
灵芝纹碗在装窑烧造时的情况。

97 ┃ 德化窑青花孩童俑
Blue-and-white Porcelain Children Figurine of
Dehua Kiln

清（1644—1911 年）
残高 5.8、宽 5.3 厘米
杏脚窑址出土
德化县陶瓷博物馆藏

　　孩童俑呈坐姿，头部残，双手侧屈似握
有物什，胸腹部装饰青花斑，应为肚兜，两
腿打开前伸。

　　杏脚窑址位于德化县浔中镇东头村，为
横式阶级窑，出土瓷器主要为青花瓷、白瓷，
还有少量色釉瓷（蓝釉、酱釉），器形主要有
碗、杯、盘、碟、盏、匙、水注、砚滴、人
物（童婴）等。出土的部分青花瓷与"泰兴"
号沉船打捞器物相同或相似。从青花纹饰和
器形判断，该窑址的年代在清代中晚期。

98 ┃ 德化窑青花孩童俑
Blue-and-white Porcelain Children Figurines of
Dehua Kiln

清（1644—1911 年）
高 5、宽 2.5 厘米
杏脚窑址出土
德化县陶瓷博物馆藏

　　三件。孩童俑呈坐姿，面部五官较清晰，
两臂短小前伸，两腿直立前伸，胸腹部饰一
块青花椭圆斑。此孩童俑系简单捏塑、前后
合模制成。

远帆归航

HOMEWARD VOYAGE

"泰兴"号沉船
出水文物特展图录

Special Exhibition of Recovered
Cultural Relics of the *Tek Sing*

专题研究

RESEARCH ARTICLES

清代德化窑青花瓷的研究价值

陈丽芳　德化县陶瓷博物馆副研究馆员

明代的德化窑白瓷名闻遐迩，为世人所珍藏。清代德化窑在继续烧造白瓷的同时，为迎合市场需求，青花瓷逐渐取代了白瓷的地位，制作技艺也达到新的高峰。从当地清代窑址的出土文物和沉船出水的德化青花瓷数量，可见德化青花瓷的生产水平、外销规模以及民间艺术特色。尤其是"泰兴"号沉船出水的德化窑青花瓷堪称盛况，它直观地反映出德化窑庞大的生产规模，强大的基础产业供给能力和外销能力，以及德化窑瓷器在"海上丝绸之路"上的贸易地位。

一

德化窑位于泉州城西北山区，长期隶属泉州管辖。泉州自唐末以来其港口地位不断攀升，成为中国最重要的海外贸易港口之一。毋庸置疑，这种行政隶属关系，是有利于德化经济发展的，当然，德化也成为泉州外向经济的重要腹地，二者是相互依存的关系。宋元时期，在泉州海洋贸易不断发展的背景下，德化窑瓷器大量销往海外。明清时期，泉州港受朝廷政策之影响，海外贸易式微，但德化窑瓷器从漳州港、厦门港仍然源源不断地销往海外。

清初，严厉的迁界禁海政策导致泉州沿海一带的制瓷业随之衰弱，其结果是具有一定技艺的瓷工向内地山区迁移发展，沿海大批资金转而注入德化制瓷行业，德化窑反而获得发展良机。当然，这是由德化窑瓷器的特殊品质及其在海外市场的影响力所决定的。有清一代，德化窑场几乎遍及全县各个乡村，其青花瓷的生产能力在福建省内遥遥领先。根据文物普查结果，德化全县有历代古窑址239处，其中清代窑址177处，大多数以生产青花瓷为主（图1）。

然而，在清代，德化窑的生产究竟是何状况，今人并不清楚。具备丰富的瓷土矿、燃料和便利的水源，是发展制瓷业的基本条件。一个小小的山区县，长期窑场林立，窑烟滚滚，行业竞争越来越大，发展空间显然有限。于是，我们从当地族谱中看到一个现象：清代德化瓷工不断向外输出，另谋生路。

德化不少族谱都记载了本族瓷工外出传艺和从事陶瓷贸易的资料，其中以1929年梅月第八次编修的《龙浔泗滨颜氏族谱》的记载最为具体，其记载了清代本族瓷工到福建省内的宁德、闽清、尤溪、建宁等地开设窑场、传授技艺等信息。据记载统计，清代其族人去往外地务瓷者有：宁德飞銮梅溪窑21人、闽清窑15人、尤溪山头窑67人、瓯宁府南山窑和沂田窑4人、建宁府

图1　德化境内保存良好的原始风貌——大垄口窑瓷土加工区

碗窑 1 人①，这仅仅是一个家族的记载。这些外出从事瓷业的工人，传授德化窑的技艺，有的在当地建家立业，世代相承，与当地人民一道，为制瓷业发展做出了贡献。

透过族谱记载，我们得知，至清中晚期德化窑青花瓷生产已经达到巅峰，当地的发展已经接近饱和，人们亟须寻求新的发展空间，驱使向外扩展（本省或外省）。同时有材料显示，他们在外乡的生产和营销，与在德化的家族产业是相联通的②。

二

德化制瓷业具有得天独厚的资源，有完备的生产体系，生产规模庞大，因此有强大的贸易输出能力。

清代中后期，德化青花瓷生产进入全盛期。由于德化窑是以生产白胎白釉著称，在此基础上生产的青花瓷器，其品质自然胜过其他民窑产品。大量的德化窑青花瓷通过泉州港、福州港、月港、厦门港远销海外，主要销往东北亚的日本，东南亚的菲律宾、印度尼西亚、马来西亚、新加坡，南亚的印度、巴基斯坦、斯里兰卡，西亚的伊朗、伊拉克和非洲东海岸等国家和地区，成为畅销海外的商品。以震惊世界的"泰兴"号沉船为例，1999 年 5 月澳大利亚水下考古队在南中国海附近从"泰兴"号打捞出水 35 万件瓷器，经专家鉴定其中大部分产自清代德化窑。数量如此庞大的青花瓷，反映了德化窑的制造水平和外销能量，以及海外市场的接受程度。

"泰兴"号沉船出水的德化青花瓷以盘、碗、杯、壶、碟、罐、盖碗、汤匙、粉盒、瓶等日用瓷为主。在装饰上有动物图案（如火龙纹、松鹤纹、蝴蝶纹、花鸟纹、兔纹等）、植物图案（如缠枝花卉纹、牡丹纹、灵芝纹、水草纹、兰花纹、竹纹、葵花纹、菊花纹、花篮纹等）、点线纹饰图案（如圈点纹、卷浪纹、"卍"字纹、线纹等）、山水人物图案（如山水纹、婴戏纹、城楼图、风景附诗纹、神话人物纹、福禄寿纹、高士图和体现秀才读书的"晨兴半名香"等）、文字图案（如"寿""喜""丰""福"，以及一些诗、词句等）、边饰图案（如卷草纹、雷云纹、仰莲纹、蕉叶纹、莲瓣纹、缠枝纹）以及款识（"月记""兴记""大兴""珍玉""全美""长宝"等）。

"泰兴"号出水的青花瓷大部分运用国产青料，发色晕散，相对柔和。其纹饰极富民间生活气息，以兰花、菊花等花卉图案为主，特别是"兰竹菊纹青花盘"具有典型的"蚯蚓走泥纹"，笔法流畅，布局疏朗，雅致而清爽，体现了德化民窑的风格特点。这些装饰在德化窑址中均有出土（图 2~7）。

德化青花瓷器近几年来在国外遗址大量发现，据有关资料证明，在东非的坦噶尼喀以及亚洲的日本、叙利亚、印度尼西亚、印度、斯里兰卡、越南、柬埔寨、泰国、菲律宾、新加坡等地都有德化青花瓷的发现。尤其是印度尼西亚发现的德化青花瓷器最多，其中圈点纹小碗、牵牛花纹碗、花篮纹盘、印"寿"字纹碗，都是德化青花窑址中最为常见的出土物。1974—1975 年，广东省博物馆先后两次组织对西沙群岛的文物调查，发现了大量的德化青花瓷器，其中有"牵牛花纹青花盘、碗、碟，云龙纹、火珠纹青花碗，城楼纹青花碗，佛手纹青花盘，'寿'字纹青花盘，半'寿'字纹青花盘

① 徐本章：《瓷都探论》，厦门大学出版社，2020 年，第 118~125 页。
② 陈建中、陈丽华、陈丽芳：《中国德化瓷史》，上海交通大学出版社，2011 年，第 220~225 页。

"泰兴"号沉船出水　　　　　　　德化后所窑出土　　　　　　　德化宏祠窑出土

图 2　清青花圈点纹碗

"泰兴"号沉船出水　　　　　　　德化宝寮窑出土　　　　　　　德化梅岭窑出土

图 3　清青花灵芝纹盘（碗）

"泰兴"号沉船出水　　　　　　　德化杏脚窑出土

图 4　清青花童子　　　　　　　　　　　　　　图 5　清童子范

"泰兴"号沉船出水　　　　　　　德化和玉窑出土　　　　　　　德化上寮窑出土

图 6　清青花花卉纹碗

等"。西沙群岛发现的德化青花瓷器，有的是当地人民的生活用具，但大部分应为德化外销瓷途经南海航线在西沙留下的遗物③。20 世纪以来，随着水下考古技术的不断进步，西沙群岛多艘沉船打捞出水，发现了许多出自德化的瓷器。

成千上万的德化窑瓷器销往世界各地，对当时世界经济、文化、生活产生了一定的影响。至今在亚洲、非洲、欧洲、美洲数十个国家和地区都出土和收藏有数量惊人的德化窑瓷器。对欧洲 17 至 18 世纪的工艺美术产生了深刻的影响，欧洲贵族对德化窑瓷器的追捧，使得传统中国文化渗透到欧洲上层阶级的审美情趣中。

除了大量散落海外的德化窑瓷器成为"海上丝绸之路"繁荣昌盛的见证之外，近些年随着水下考古的发展，沉船遗址等众多与"海上丝绸之路"贸易相关的考古资料被发现，德化窑瓷器作为重要的"压仓货"大量出水，成为德化窑瓷器外销的最有力证据。

泉州湾古沉船、西沙群岛"华光礁一号"沉船遗址、"新安"沉船、"哥德堡号"沉船等众多沉船遗址中均有德化瓷器出水的情况。

随着对德化窑址发掘与研究的不断进行，学术界对德化青花瓷的研究不断深入。孟原召《宋元时期泉州沿海地区瓷器的外销》④等文章都将窑场的兴衰与港口外销联系了起来。20 世纪 90 年代以后，叶文程在和罗立华所著《德化窑青花瓷器几个问题的探讨》一文中认为德化青花瓷大多运销海外。此外，德化窑明清时期外销瓷贸易的研究，通过叶文程《略谈古泉州地区的外销陶瓷》⑤、沈玉水《德化古陶瓷外销琐谈》⑥等文章，说明从古至今德化窑是一个具有典型特征的外销瓷窑址。德化瓷器凭借着高超的工艺水平，很快就成为中国外销瓷的主力军，是古代贸易中的硬通货，并在以后数百年间盛烧不衰。

"泰兴"号沉船出水

德化林地窑出土

图 7　清青花开光斗笠碗

三

德化窑青花瓷始烧于明代中期，至清代，其烧制技艺已经相当成熟。但由于属于民窑，在整体品质水准上与官窑存在一定差距。但是，应该看到，正是因为来自民间，在产品的装饰上便少了呆板的规矩而多了自由灵动活泼，少了雍容繁复而多了淳朴野趣，民间气息十分浓郁。

德化窑青花瓷的色基选用，经历了土钴（即石墨）、国产青、金门青、进口青等阶段，因而发色的色谱会因年代和窑场的不同而有所差别（图 8）。

德化窑青花瓷的瓷画艺术，在我国瓷器艺术表现手法上有着鲜明的地方特色，装饰图案内容丰富，画风自如，笔触粗犷，充满民俗风情。

德化窑青花瓷在技术上和用料上完全体现了它的科学性能。釉下青花以氧化钴为主配成颜料在坯体上作画，外施无色透明釉，高温烧成。由于青花是画在釉下，色料本来很细，经过烧制以后，完全融化在胎釉之间，显得光滑平润，晶莹透彻，色阶丰富，又不易受外界氧化、酸化影响，不致腐蚀脱落，同时不含铅、镉等对人体有危害的成分。所以青花瓷一进入国际市场就受到普遍欢迎，青花瓷成为当时对外贸易

③ 广东省博物馆：《广东省西沙群岛文物调查简报》，《文物》1974年第 10 期。

④ 孟原召：《宋元时期泉州沿海地区瓷器的外销》，《边疆考古研究》2006 年第 1 期。

⑤ 叶文程：《略谈古泉州地区的外销陶瓷》，《中国古外销瓷研究论文集》，北京：紫禁城出版社，1988 年，第 183～204 页。

⑥ 沈玉水：《德化古陶瓷外销琐谈》，《德化陶瓷研究论文集》编委会：《德化陶瓷研究论文集》，2002 年，第 280～286 页。

后所窑采集青花瓷 后所窑采集青花瓷 后所窑采集青花瓷

格仔窑采集青花瓷 大垄口窑乙址采集青花瓷 宏祠窑采集青花瓷

宏祠窑采集青花瓷 上寮外窑采集青花瓷 上寮外窑采集青花瓷

上寮外窑采集青花瓷 上寮外窑采集青花瓷 上寮外窑采集青花瓷

上寮外窑采集青花瓷 上寮内窑采集青花瓷 上寮内窑采集青花瓷

图 8-1 德化窑不同窑址采集青花瓷

水吼窑采集青花瓷

水吼窑采集青花瓷

南岭窑采集青花瓷

铜岭窑采集青花瓷

梅岭窑采集青花瓷

六车窑采集青花瓷

内坂窑采集青花瓷

窑垅窑采集青花瓷

杏脚窑采集青花瓷

杏脚窑采集青花瓷

甲杯山窑采集青花瓷

下井亭窑采集青花瓷

乌山岭窑采集青花瓷

乌山岭窑采集青花瓷

赤土寨格头窑采集青花瓷

后格垅尾窑采集青花瓷

涌溪瓷窑坑窑采集青花瓷

湖头坂窑采集青花瓷

斜岭脚窑采集青花瓷

宝寮格窑采集青花瓷

石排格窑采集青花瓷

石排格窑采集青花瓷

岭兜窑采集青花瓷

岭兜窑采集青花瓷

后窑采集青花瓷

大路巷采集青花瓷

图8-2 德化窑不同窑址采集青花瓷

中一项重要的商品，大大促进了德化青花瓷的批量生产和销售飞跃。几乎所有的德化清代窑址都生产青花瓷，遍及全县。甚至最偏僻的深山密林，没有村落的地方都可以找到清代的窑址，其中以上涌、葛坑、汤头、浔中、龙浔、三班等乡镇窑群最为密集。尤其是城关的宝美村、浔中村、高阳村、隆泰村和三班镇的泗滨村，几乎家家户户都有人从事瓷业生产，老人、妇女和儿童把瓷业作为家庭副业，青壮年农忙务农，农闲务瓷，仅高阳村清代窑址就达 23 处，重重叠叠，遍布每个山头。据记载，清朝盛时德化瓷工多至二万五千人⑦。由此可见，当时德化青花瓷生产规模之庞大，盛况空前。

德化青花瓷独具特色，造型精巧大方，线条流畅，艺术感较强。采用模印成型、手拉坯兼有注浆等方法。胎质越晚清越走灰，城东附近窑场，青花瓷的胎釉洁白莹润，明亮；西部上涌、杨梅、葛坑等乡镇窑场生产的青花瓷胎釉略带灰暗。胎釉结合紧密，浑然一体。因青料含土钴比分相对大，有的发色灰黑，积料处出现缩料而形成"蚯蚓走泥纹"；也有的备料考究，精研细做，用料轻重搭配合理，色阶层次多样、分明，画面出现"晕散"现象，由浅到深，犹如水墨画的效果。釉面光滑平润，青花在胎釉间发色，晶莹透彻，画面自然流畅。这一时期多用高温还原气氛烧成，釉面时有"浊化"现象，本身有所缺陷，却因这种缺陷形成一种偶然美，使画面富有浓淡层次，达到渲染效果，立体感增强。纹饰构图简洁、活泼，手法变化大，表现乡土气息，随意性强，接地气。从表现社会活动的渔樵耕读到描写大自然风貌的山水木石，从充满神奇浪漫色彩的祥龙瑞凤到司空见惯的花果鱼鸟，都是出自瓷工的笔下。笔法朴实粗犷，构图简洁舒展，充满情趣盎然、生动活泼的民间生活气息（图9）。

德化民窑个体经济十分发达，在瓷器产品中出现众多款识，有单字、双字，还有多字款识，多寓意吉祥。

从窑址采集到的瓷器标本来看，有的器物内底和外底上有款识，常见的有商号款、堂号款、私家款、图记款、吉祥款、干支款、写意的玩偶、花押款等。有的瓷窑只有一个商号，但大多数青花窑址都发现有两个以上商号，如丰盛、丰裕、胜玉、月记、合裕、信玉、石玉、双玉、元、吉、珍、大、上、元瑞、福兴、兴记、永吉、长兴、正兴、盛玉、广合、丹、腾记、长记、苏、盛、成玉、腾天合、合、合记、宝泉、广厚、玉、美、贞、东兴、万、紫珍、永兴、金珍、合吉、合兴、合利、振玉、盛兴、顺兴、玉盛、盛利、川兴、东利、亨盛、永、荣胜、世宝、吉宝、源利、和玉等等⑧。这些现象表明了当时德化青花瓷窑的生产，可以是一户人单独经营，抑或二至几户联合经营。以联合经营为多，先由各户分开制造瓷坯，然后一起装窑、烧窑，待烧成出窑，各户提取营销，从而形成一种"各自制坯、合作烧窑"⑨的生产方式。这种特有的生产方式，还需充分考虑产品的生产和销路，因此要少花时间，多出成品，不能精雕细琢，追求繁缛的加工，同时也不能粗糙。因此，逐渐形成了德化民窑青花朴实无华的民窑艺术风格，体现了不事雕琢的民间艺术特色，迎合了大多数消费者的审美情趣，越是淳朴的就越是民众的，越具有生命力。

图9　清德化窑青花山水人物纹凤尾尊

⑦ 庄为玑：《德化白瓷的窑口与港口问题》，《古陶瓷研究》1982年第1期。

⑧ 陈建中：《德化民窑青花》，北京：文物出版社，1999年。

⑨ 叶文程、罗立华：《德化窑青花瓷器几个问题的探讨》，《德化陶瓷研究论文集》编委会：《德化陶瓷研究论文集》，2002年，第193~201页。

图 10　明郭真荫墓志　　　　　　　图 11　明陈素轩墓志　　　　　　　图 12　清吴辑堂墓志

四

以下撷取部分德化县陶瓷博物馆藏品简要说明。

（1）郭真荫墓志（图 10），明正德十四年（1519 年）。1983 年在德化一明代墓葬中出土了一方"正德己卯年"、用土钴（石墨）书写的郭真荫墓志铭，同时出土的还有一件用土钴为颜料饰菊花纹的青花瓶。这是德化目前发现的有明确纪年的、年代最早的青花瓷，但是德化青花瓷在明代并没有大量生产的迹象。

（2）陈素轩墓志（图 11），明嘉靖三十八年（1559 年）。瓷板。高 17.5、宽 22 厘米，瓷座高 3、长 8、宽 6 厘米。方形倭角，下有两个瓷座，左边底座稍残。前后施满釉，底座内露胎。由于烧成温度不够，釉呈暗米黄色，胎质不坚，釉面莹润感较差，有细冰裂纹。铭文采用釉下青花书写，青花色呈蓝黑，盖因德化窑早期青花色料采用土钴，加上烧成温度不够所致。

（3）吴辑堂墓志（图 12），清光绪十九年（1893 年）。瓷板。中部最高 24.7 厘米，两侧分别高 14.5 厘米和 15 厘米，宽 20.5 厘米。上额呈微圆形，下两角斜切。铭文为釉下青花楷书，字迹清楚。

（4）青花山水纹三足炉（图 13），施白釉略泛青，青花发色明亮，为清中晚期特征。颈部饰祥云六朵，腹部绘山水人物图，画面富有层次，布局疏朗有致，乡野气息浓郁。德化窑青花瓷的山水画是画师源于对生活环境的最淳朴的艺术感受。

（5）青花过墙龙纹盘（图版 78），施白釉泛青，青花发色翠蓝，为清中期作品。盘内外壁饰连续的火珠云龙纹，笔触浓墨显示刚劲。数笔浓墨，生动地勾勒出飞龙穿梭于云中，作威武状，整体画面粗犷，却有灵动之感。

（6）青花梅雀纹笔筒（图版 81），施白釉略泛青，青花发色蓝黑。腹部绘花卉、梅花、喜鹊图案，工笔洗练，整个画面喜气祥和，具有美好的意寓，雅俗共赏。

（7）青花兽耳鼓形盖罐（图版79），施白釉泛灰，青花发色蓝紫，为清末民初作品。腹部两侧对称堆塑兽面辅首，腹部上下各饰一周乳丁纹，腹部一面绘兰花，一面绘房屋、山川、树林等风景。器盖中央堆塑寿桃两颗，绘弦纹两道及兰花三组为边饰。

图13　清德化窑青花山水纹三足炉

五

综上所述，大自然的恩赐、稳定的社会环境、周边港口的兴起以及海外市场的需求，共同促进了德化制瓷业的迅速发展。吃苦耐劳的德化人在山、海的碰撞与交融中，兼容并蓄，以开放豁达的胸怀，不断吸纳不同国家、不同民族、不同习俗、不同宗教信仰的多元文化，形成深具海洋文明特点的开放性、文化多元性、开拓创新性特征，陶瓷文化生生不息。德化是闽南地区最具影响的重要的制瓷产地，清代德化窑为迎合国内外市场需求，青花瓷逐渐取代了白瓷的地位，且制作技艺达到高峰。清中期，德化窑青花瓷进入全盛时期，从当地清代窑址的出土文物和沉船出水的德化青花瓷数量，可见德化青花瓷的生产水平、外销规模以及民间艺术特色。大量瓷器翻山越岭，远涉重洋，满足国际市场需求，在中西方经济、文化交流史上占有重要的地位，使德化成为"海上丝绸之路"历史最久、品种最齐、数量最多、影响最大的陶瓷产区，备受瞩目。

"泰兴"号沉船古瓷的发现，震动了全世界，数量庞大，彰显出德化窑的产业能力和输出能力，它直观地反映出德化窑庞大的生产规模，强大的基础产业供给能力和外销能力，以及德化窑瓷器在"海上丝绸之路"上的贸易地位。进一步证明了德化清代青花瓷的生产和外销达到了全盛时期，为研究清中期的海外贸易提供了证据。"泰兴"号沉船是19世纪中期德化瓷外销路线上的一个重要节点，它的发现为研究闽商、闽南海上贸易、航海路线、德化外销瓷、造船技术等相关问题提供了新视野、新角度，具有非常重要的研究价值。

德化青花瓷以它特有的艺术魅力对中外经济文化交流和中外友好关系的发展发挥着积极作用，在"海上丝绸之路"中扮演着极其重要的角色，在中国，乃至世界制瓷史上占有一席之地。

图3 "泰兴"号沉船出水青花杯

图4 "泰兴"号沉船出水青花圆柱形粉盒

图5 "泰兴"号沉船出水青花六边形粉盒

图6 "泰兴"号沉船出水青花孩童俑

（二）纹饰

"泰兴"号出水青花瓷的纹饰较为丰富，主要为植物纹，其次为动物、人物、文字等图样，还有一些专供外销的模印纹饰。

1. 植物纹

灵芝纹是以"仙草"灵芝为题材的一种吉祥纹样，象征长寿，明清时期逐渐被工匠应用在陶瓷装饰上。绘有这类纹饰的瓷器在"泰兴"号沉船中大量出水，并且在盘、碟、碗、杯、匙等成套餐具中出现。盘、碗等内、外壁饰双层或单层多组开光，花瓣形开光的中间交替描绘着灵芝纹和花卉纹，内底描绘螺旋轮花图案，整体纹饰宛若一朵盛开的莲花，纹饰疏朗有致，笔法流畅，底部多有"和珍""成珍""宝盛""吉""千""昌""信""合""瑞"等字款，书写简率随意。

"泰兴"号出水瓷器纹饰中，山石花卉纹数量庞大，多见于盘、碟、碗、盖碗等器，主要有四种图案。其一为中间洞石，两旁各绘不同花卉的布局，纹饰丰富多样，均从现实生活当中常见的花卉植物中提炼演绎而来，包括牡丹、菊花、兰花、梅花、竹子、芦苇等花草，画面比较丰满，构图较为饱满，多用隐喻、谐音等表现手法，间接表达对美好生活的向往，底足多有署款，如"金玉""全珍""佳珍""逢源""尚珍""振茂""合兴""信""川""方""千""瑞"等商标款；其二为竹叶、兰花、梅花、菊花、紫菀等各类花草，或与山石伴生，或以文字匹配，或一枝独放，异彩纷呈，整个画面疏朗有致；其三为花篮纹，这也是一种极富特色的传统吉祥纹样，在清代瓷器装饰纹样中常见；其四以纹饰带的方式展现，譬如冰梅纹和涡旋纹间隔的宽纹饰带。

"泰兴"号出水瓷器纹饰中的折枝纹有折枝花卉和折枝花果两种，其纹饰大同小异，主要见于盘类器物。其中，折枝花卉主要有三种图案，其一为折枝团花纹，盘心绘一朵团花，形体较小，花朵四周伸出枝条，呈现枝繁叶茂的景象；其二为折枝牡丹纹，盘心为盛开的牡丹，花朵大而饱满，画面规整，线条流畅，寓意幸福美满、富贵昌盛；其三为简单的折枝花卉纹，装饰在杯、碟上，组成杯碟套装。折枝花果纹也有三种图案，其一内口沿饰一周垂帐纹，内壁间隔绘有三段折枝花果，内底心绘一团菊；其二内壁绘四段折枝花果纹，上下各饰一周菱形纹，内底绘一折枝牡丹；其三内壁绘两组折枝石榴纹，中间绘一朵团菊(图7)。

图7 "泰兴"号沉船出水青花折枝石榴纹盘碗

2.动物纹

"泰兴"号出水瓷器的动物纹饰以火龙纹为代表，装饰于盘类器上。"泰兴"号出水的火龙纹盘，纹饰布满盘心，形态各异，画风粗犷洒脱，具有一种自由豪放的气息。

此外，还见鱼、虾、鹿等动物，简笔描绘于粉盒盖面上。

3.人物纹

青花人物纹题材广泛，常见历史故事和人物仕女，包括神话传说、福禄寿三星图、高士图、婴戏图以及游仙图等，还有描写社会风俗与生产生活的一些图案，包括渔猎、耕牧以及书生攻读等。"泰兴"号出水瓷器上的人物纹即包含书生攻读题材，如"晨兴半名香"人物纹盘(图8)，除此之外，还有大量的婴戏及庭院人物等纹饰，主要装饰于青花碗上，底足多见"逢源"款。

图8 "泰兴"号沉船出水青花"晨兴半名香"人物纹盘

4.圈点纹

圈点纹是德化窑的典型纹饰之一。"泰兴"号出水的圈点纹碗数量庞大，器形规整，外口沿下绘一周圆圈和圆点。据调查，圈点纹碗在德化的桐岭、岭兜、后井、东头、石排格、后所、宏祠、布伏山、垵园、窑垅等窑址都有出土，而在非洲的肯尼亚和坦桑尼亚的坦噶尼喀、基尔瓦都出土有大量的德化窑青花圈点纹碗[7]。

5.锦地开光

锦地开光为瓷器的装饰方法之一，即在繁密规整的织锦样地纹中空出数量不等、形状各异的白地的方法，开光内绘制主要纹饰，与锦地形成主次、疏密、虚实的对比变化，使整个装饰显得较为活泼。"泰兴"号出水的锦地开光碗，又称"草帽碗"，弧形开光内装饰暗八仙、杂宝等，内底心绘简笔兔纹。此类碗在中国西沙群岛北礁多有出水。

图9 "泰兴"号沉船出水青花文字碟

6.文字纹

德化窑瓷器上的文字装饰丰富，多采用吉祥语，表达一种美好的祝福，有单字"寿""吉""丰""福""珍"等，采用青花书写在盘心，也有配合人物、花草等图案的"志在书中""晨兴半名香""月明叶下有清照""心在书中"等诗词语句。"泰兴"号出水的青花瓷中也有这类文字装饰的器物，包括盘、碟、碗、粉盒等器形，多以书写单字吉祥语的青花碟（图9）为主。

⑦ 吴艺娟：《简论德化青花瓷的装饰手法及外销问题——以馆藏"泰兴号沉船"青花瓷器为例》，《四川文物》2013年第2期。

7.模印纹饰

所谓模印纹饰，是将装饰纹样刻成印模，在模上涂饰青花颜料，进而在器坯上施印而成。模印工艺的缺点是青花色泽不鲜艳，纹饰比较呆板，缺乏生气，但模印工艺也有其长处，那就是图案一般较为工整，便于大批量生产，适应外销的需求。

"泰兴"号出水模印青花纹饰主要有山水纹、"寿"字纹、变体梵文（也有称"变体'寿'字纹"），以及一些规矩纹、几何纹饰图案等，此外还有模印变体"寿"字与缠枝或折枝牡丹、菊花以及杂宝等纹样的组合，独具特色。模印山水纹碗，外壁印山水纹图案，足墙上有的绘有两道弦纹，内壁上下有的各饰一道弦纹，内心涩圈，涩圈中部分有字款；模印青花变体梵文大盘，外壁印简单的花草图案，内壁印变体梵文图案，盘心带涩圈，正中为一印章图案，有圆形线条图案和方形文字图案两种，呈色蓝灰。从这些模印纹饰中可以看出，窑工或使用者并不介意纹饰间的接缝现象，以及因用力不够而出现的空白现象等。

三、"泰兴"号沉船出水的其他陶瓷器

"泰兴"号出水瓷器中，除大宗青花瓷外，还有部分白釉、五彩、青褐釉瓷器及紫砂等。

（一）白釉瓷

白釉瓷器以粉盒、杯为多，碗、盖碗、匙等相对较少，纹饰以素面为主，仅粉盒有部分模印纹饰。

白釉粉盒为圆形，子母口，盖面微弧，平底内凹，有大小两种尺寸，均有模印纹饰和素面两种。其中模印纹饰中，较大的白釉粉盒与"头顿"船上发现的瓷盒极为相似，典型图案为盒盖上模印一枝开花牡丹；较小的白釉粉盒盖面上浮雕一片树叶，其下伸出两条绶带，树叶上似趴伏着一个动物作回首仰望明月状。

白釉杯可分两类，其一为敞口微撇，斜弧腹下收，圈足，有的釉色略微泛青；其二为侈口略外翻，斜直腹，圈足内敛，形似倒置的马蹄。均素面无纹。

白釉碗侈口，深弧腹，圈足较高，素面无纹，可见旋坯纹。还有一类盖碗，碗直口，深直腹下收，圈足，宝盖顶，中间置一圆饼形纽，盖沿外折。

白釉匙前部如舌状，上翘，柄弯曲，带沟槽，平底，底外圈露胎，外形似烟斗。

（二）五彩瓷、青褐釉瓷、紫砂等

"泰兴"号沉船出水的五彩瓷器数量较少，以成套的碗、盘、碟为主，用黄、绿、红等彩料绘制，但彩多已脱落。碗内底心绘莲蓬，其外围环以层层莲瓣，宛如一朵盛开的莲花。另一种为花卉和菱形锦纹间隔的纹饰带，下附一周莲瓣纹，据推测可能系传统的"汕头瓷"[8]。

"泰兴"号沉船出水的青褐釉瓷，包括瓶、碟、盖钵、钵等，多为素面无纹，部分刻划弦纹、花卉纹等，有的装饰有趣的器组。此外，还有一些酱釉匙，与白釉匙器形一致。

⑧ Nigel Pickford, Michael Hatcher, *The Legacy of the Tek Sing*, Granta Editions, 2000.

"泰兴"号出水的紫砂茶壶具有古朴典雅的风格，其中一些紫砂壶镌刻有制造者的名字，另一些底部刻有铭文（图10）。清道光年间沉没的"迪沙如"号沉船出水了大量紫砂壶，和"泰兴"号出水的紫砂壶器形几乎一致[9]。"泰兴"号还出水少量红色胎体的紫砂虎子，很可能也来自宜兴地区。

（三）其他

"泰兴"号沉船还出水了一些数量有限的俑类器物，诸如棕色或浅黄色的麻雀俑、公鸡俑（图11）、牧童骑牛俑等。其中，公鸡俑、牧童骑牛俑与1817年沉没的"戴安娜"号出水的同类器非常相似[10]。此外，"泰兴"号沉船还出水了一批风炉、罐、提梁龙纹壶等。

图10 "泰兴"号沉船出水紫砂壶

值得一提的是，"泰兴"号沉船还出水了少量明显早于沉船所属时代的器物，应该是船员的私带品，包括虎子、罐、椭圆盘、五足香炉等青花瓷，和少量鸭子和卧狗等，以及青釉三足香炉、瓶等青瓷器。此外，"泰兴"号还发现了一些欧洲制造的酒瓶和伦敦制作的手表，以及花岗岩墓碑、石磨轮、石狮雕像，以及水银、六分仪、火炮、硬币等，这为"泰兴"号整体面貌的研究提供了资料。

四、"泰兴"号沉船出水陶瓷器初步分析

明清时期，景德镇成为全国乃至全世界最重要的陶瓷生产中心，是名副其实的"瓷都"，据记载，昌南镇瓷器"行于九域，施及外洋"。但是随着"海上丝绸之路"的兴盛，福建漳州窑、德化窑，广东石湾窑等沿海地方生产的瓷器产品，以及随着茶叶贸易兴盛而流行起来的宜兴紫砂壶，也在外销市场上占据着重要一席。

随着沉船打捞、水下遗址等资料的不断丰富，对福建窑口外销瓷的研究也日益兴盛。目前主流观点都认为"泰兴"号出水青花瓷主要为德化窑产品[11]，例如盘、碟、碗、杯、人物瓷塑等，其中灵芝纹、山石花卉纹、火龙纹、"晨兴半名香"人物纹、变体"寿"字、圈点纹等都是清早中期德化窑的典型纹饰，在德化境内各窑址中都有出土，尤其是德化梅岭窑，其产品的造型、纹饰与"泰兴"号沉船出水瓷器完全相同。而对于那些白釉器，打捞者也认为应是德化窑产品[12]。此外也有学者指出"泰兴"号出水器物中有不少与东溪窑产品相一致的陶瓷[13]，沉船出水的青釉鼻烟壶、青釉青花山水纹盘、青釉炉和琮式瓶，釉面开冰裂纹青釉器，青花折枝石榴纹碟、青花带状印花酒杯、青花"寿"字纹印花碗盘和青花洞石牡丹纹碗、盘、碟、盖盒等，以及大批发现的酱褐釉、白釉及青花花卉纹汤匙等器物，均为东溪窑产品[14]。张立丽对比了"泰兴"号沉船出水瓷器与漳州封门坑窑址出土器物，认为牡丹玉兰纹碗、盘等在封门坑窑遗址有同样的器形和纹饰出土，应是东溪窑封门坑窑产品[15]，文中还提及"泰兴"号出水的青花"白菊皆所养"折枝菊花盘，应为安溪窑产品[16]。从以上研究成果来看，"泰兴"号出水瓷器应该是闽南窑口的产品。

⑨ 中国嘉德国际拍卖有限公司：《嘉德四季——明万历号、清迪沙如号海捞陶瓷》，2005年。

⑩ 周世荣、魏止戈：《海外珍瓷与海底瓷都》，长沙：湖南美术出版社，1996年，第113、119页。

⑪ 参阅 Nigel Pickford, Michael Hatcher, *The Legacy of the Tek Sing*, Granta Editions, 2000；郑炯鑫：《从"泰兴号"沉船看清代德化青花瓷器的生产与外销》，《文博》2001年第6期；吴艺娟：《简论德化青花瓷的装饰手法及外销问题——以馆藏"泰兴号沉船"青花瓷器为例》，《四川文物》2013年第2期；陈丽芳：《从水下考古发现看德化宋元时期外销瓷》，厦门市博物馆、泉州市博物馆编《福建陶瓷与海上丝绸之路：中国古陶瓷学会福建会员大会暨研讨会论文集》，长春：东北师范大学出版社，2016年，第105页。

⑫ Nigel Pickford, Michael Hatcher, *The Legacy of the Tek Sing*, Granta Editions, 2000.

⑬ 肖凡：《浅谈清代东溪窑青釉器》，《遗产与保护研究》2018年第7期。

⑭ 刘淼、羊泽林：《明清华南瓷业的生产及外销》，《考古与文物》2016年第6期。

⑮ 张立丽：《"泰兴号"沉船发现的封门坑窑陶瓷器》，《福建文博》2020年第3期。

⑯ 安溪县博物馆调查资料，转引自张立丽：《"泰兴号"沉船发现的封门坑窑陶瓷器》，《福建文博》2020年第3期。

图11 "泰兴"号沉船出水公鸡俑

闽南是明末清初以来福建乃至全国青花瓷的重要产区之一,以德化窑最具代表性。考古调查和发掘资料表明,福建清代窑址主要集中在德化、永春、安溪、华安、南靖等县,形成了以德化为中心的窑业格局,均生产相似风格的器物[17]。

首先,德化窑青花普遍暗淡,多为灰蓝色,色泽鲜艳明亮的少见,器表常见因钴料渗入胎体裂隙而形成的靛青绺痕,我们俗称"蚯蚓走泥纹",这是德化窑青花特有的现象。"泰兴"号出水的山石花卉纹盘、碗,就是"蚯蚓走泥纹"特征的典型代表。此外,封门坑窑出土的山石牡丹玉兰纹盘碟中也可见"蚯蚓走泥纹"的特征。由此可见德化窑青花工艺对清代闽南地区窑业的辐射效应。

其次,德化窑青花的装饰技法有手绘和模印两种,手绘即直接在瓷坯上绘画,俗称"绘青花";模印则是将刻有图案的印章在瓷坯上印制,俗称"印青花"。其中"绘青花"比较普遍,"印青花"相对较为少见,手绘与模印可以相结合使用[18]。模印青花纹饰便于大批量生产,适应外销的需求,"泰兴"号出水的模印山水纹碗、莲花"寿"字纹碗、变体梵文大盘等就是显著代表,变体梵文大盘在德化上涌乡窑、安溪碗窑等窑址中都有发现。

最后,从考古发现来看,清代德化青花窑场的规模较小,或为一户人单独经营,或二至几户人联合经营,其中联合经营的可能是各户分开制造,瓷坯烧窑时合起来共同烧制,因而会在同一窑地发现的瓷器中出现几种商号。德化窑、东溪窑等窑址出土的瓷片上的款识,以及"泰兴"号出水器物的底款都可以印证这一现象。

五、"泰兴"号与清代闽南陶瓷器的外销

随着明末漳州月港、安平港的衰落,厦门港逐渐兴起,清康熙二十三年(1684年),清政府正式在厦门设海关,由户部派员"榷征闽海关税务"。雍正五年(1727年)重新解除南洋禁令后,又确定厦门为闽省唯一的通洋正口。即使是乾隆二十二年

⑰ 刘淼、羊泽林:《明清华南瓷业的生产及外销》,《考古与文物》2016年第6期。

⑱ 参阅何振良:《德化青花瓷器上的诗情画意》,《中国古陶瓷研究》第十三辑,北京:紫禁城出版社,2007年。

（1757 年）清政府将欧洲商人来华限于广州一口的规定，也没有禁止厦门船只前往南洋贸易。

厦门港有限制的开放政策和对外贸易盛况，无疑成为闽南窑业振兴的契机，德化瓷器借此大量由厦门出口，而"泰兴"号正是在这一背景下，从厦门港出发远航海外。清代中晚期，德化窑瓷器销往世界各地，在印度尼西亚、印度、斯里兰卡、越南、柬埔寨、泰国、菲律宾、新加坡等东南亚、南亚地区普遍都有发现。而除了"泰兴"号沉船之外，在其他诸多沉船之中，也能看到德化窑瓷器的身影[19]。

厦门港与南洋群岛之间，存在着比较畅通的往来航路。据记载，19 世纪最初 20 年，中国帆船驶往东南亚，为数仍很可观。去往加里曼丹的船每年 10 艘，计 5600 吨；去往爪哇的每年有 7 艘，计 5300 吨；去往马六甲每年 1 艘，计 1000 吨；去往丁加奴、吉连丹，每年 1 艘 800 吨[20]。到"泰兴"号所处的 19 世纪中叶，销往东南亚地区的陶瓷数量更为可观。

闽南青花的大发展显然与整个海外市场的巨大需求是密不可分的。从清代的文献资料来看，清代中期以前，德化青花的外销一直十分旺盛。据熊海棠研究，华南沿海的瓷器，相对于内地窑址的产品而言在质量上虽然较为粗制滥造，但一定程度上却填补了海外对中、下等瓷的需求，弥补了内地各窑商品瓷供给的不足，他们生产的目的纯粹是为了利润[21]。可以说，中国和东南亚之间的瓷器贸易大大促进了中国东南沿海普通民窑粗瓷的发展。

"泰兴"号出水的瓷器印证了这一观点，其少量为中档瓷器，而绝大多数为廉价耐用的低档"粗瓷"。"泰兴"号装载的船货应是面向东南亚市场，绝大多数是民众日常饮食和起居生活使用的陶瓷器，销售对象是居住于南洋群岛的富裕华人社群及当地中上层居民，当然也不排除其中一小部分会通过在巴达维亚的转口，进而销往其他地区。

由于历史的原因，东南亚地区聚居着相当数量的华人，在东南亚各地的社会经济和宗教生活中都起着重要作用。华人移居海外，除了更愿意使用来自故乡的日用器具，还继承了中国传统的审美情趣，这从"泰兴"号出水器物中大量的吉祥纹饰中可窥见一斑。

此外，出水的紫砂壶、陶风炉、釉陶龙纹壶等器物都是闽南一带的民间饮茶用具，也反映了此时茶叶贸易的兴盛，以及闽南工夫茶在东南亚的发展。

六、小结

"泰兴"号是目前海洋考古中发现最大的中国木帆船，也是目前打捞出水完整文物最多的沉船，对于中外经济文化交流研究具有重要价值。我们主要对"泰兴"号沉船及这次展览涉及的出水陶瓷器做了较为系统的梳理和初步的研究，并考察了清代闽南窑业的发展，以及闽南陶瓷器的外销，希望借此吸引更多的专家学者来共同关注这一课题。

[19] 参阅陈丽芳：《从水下考古发现看德化宋元时期外销瓷》，厦门市博物馆、泉州市博物馆编《福建陶瓷与海上丝绸之路：中国古陶瓷学会福建会员大会暨研讨会论文集》，长春：东北师范大学出版社，2016 年；陈建中、陈丽华、陈丽芳：《中国德化瓷史》，上海交通大学出版社，2011 年；[英]霍吉淑撰，王芳译《谈明代德化窑瓷器》，《福建文博》2004 年第 4 期；张红兴：《近年来从中国海域出水的 17—19 世纪德化陶瓷》，《海交史研究》2012 年第 2 期；海南省文物保护管理办公室：《西沙水下考古 1998—1999》，北京：科学出版社，2006 年。

[20] 参阅田汝康：《17—19 世纪中叶中国帆船在东南亚洲》，上海人民出版社，1957 年，第 34～35 页。

[21] 熊海棠：《华南沿海对外陶瓷技术的交流和福建漳州窑发现的意义》，《福建文博》1995 年第 1 期。

清代道光年间沉船的重要案例

——『小白礁 I 号』沉船的发掘、保护与研究

王结华　宁波市文化遗产管理研究院院长、研究馆员

清代道光年间（1821—1850 年），绵延千年的古代"海上丝绸之路"虽已进入尾声[①]，但中外之间的海上交流通道并未完全堵塞，特别是民间的海外贸易，仍在持续不断地进行。这不仅见诸各种史料的载录，也同样有着实物的印证，道光年间沉没的"泰兴"号沉船和"小白礁 I 号"沉船即为其中两个重要案例。

"泰兴"号为一艘巨型海洋木帆船，长约59.1米，宽约12.93米，型深约6.63米，载重量达 1000 吨，满载排水量 1430 吨。道光二年（1822 年），"泰兴"号自福建厦门出发驶往印度尼西亚，途中为避海盗绕道西沙，到达苏门答腊与爪哇岛间海域时不幸触礁沉没于海底 30 多米深处。1999 年，英国人迈克·哈彻发现"泰兴"号后对其进行了商业打捞，共出水陶瓷器约 35 万件（据说出水陶瓷器总量高达 100 万件，其中 65 万件品相一般者被有意砸毁），主要产自福建德化，以青花碗、盘、碟、杯、瓶、盒、罐、勺等日用瓷为主。2000 年，打捞者在德国斯图加特将这批瓷器悉数拍卖。2001 年，曾参与 1999 年打捞的中国台湾人程子朋与印度尼西亚、新加坡等地的一些华人同行再次来到沉船事故发生地，又打捞出水数百件保存完好且同样大多产自福建德化的瓷器，并在随后将其中部分瓷器捐赠给台北故宫博物院和德化县陶瓷博物馆。2018 年，洋庐集团董事长郑长来从英国联邦贵金属公司购回 12 万件"泰兴"号沉船遗物，并将其中部分瓷器捐赠给泉州海外交通史博物馆和中国航海博物馆。至此，历经磨难的"泰兴"号沉船部分遗物得以陆续回归故里，让人有幸一睹其风采。

"小白礁 I 号"同样为远洋商贸木帆船，也同样沉没于道光年间。该船沉没地点所在的渔山列岛，自古以来就是中外海上交通的重要航路，至迟在明代早期已进入官方视野并被采信记录，成书于明代洪熙元年至宣德五年（1425—1430 年）的《郑和航海图》[②]中就标注有"鱼山"，是目前所见关于渔山列岛的最早史料[③]。因为远离岸线，风高浪急，兼之暗流汹涌，乱礁丛生，历史上这里又被称为"极海远洋"[④]"大洋绝岛"[⑤]，向为海难事故多发、各类沉船常见之地，2008—2014 年发现并发掘的"小白礁 I 号"就是其中比较知名的一艘。

与"泰兴"号相比，"小白礁 I 号"虽然体量小得多，出水遗物数量也少得多，但因两者沉没时代、商贸性质、驶往地点、沉没原因等相近，因此通过对于"小白礁 I 号"沉船概况及其调查、发掘、保护、展示、研究等科考过程的了解，相信必将有助于增进关于"泰兴"号沉船和清代道光年间中外民间商贸交流的探讨。此为本文之宗旨，亦为笔者之期冀。

一、调查与发掘

（一）考古过程

2008 年 10 月，开展浙江沿海水下文物普查时，在宁波象山石浦渔山海域之北渔山岛小白礁畔海底 24 米深处首次发现"小白礁 I 号"[⑥]（图 1）。

2009 年 5—6 月，开展重点调查和局部试掘[⑦]（图 2）。

2011 年 4 月，"小白礁 I 号"水下考古发掘获国家批复立项；同年 6—7 月，因

图1　2008年调查工作场景

图2　2009年试掘工作场景

图3-1　2012年发掘之水面作业

图3-2　2012年发掘之水下考古布方

图3-3　2012年发掘之水下考古记录

图3-4　2012年发掘之水下考古摄像

图4-1　2014年发掘之启动仪式

图4-2　2014年发掘之水下考古测绘

图4-3　2014年发掘之水下考古编号

配合"国家水下文化遗产保护(考古)培训班"潜水阶段培训之需,再次对"小白礁Ⅰ号"作初步清理⑧。

2012年5—7月,基本完成船载文物发掘工作⑨(图3)。

2014年5—7月,实施完成船体发掘(图4)与现场保护工作⑩。"小白礁Ⅰ号"水下考古项目至此圆满落幕。

自2008年首次发现至2014年沉船出水,"小白礁Ⅰ号"的调查与发掘(包括现场保护)长达六年之久,并最终取得重要成果,这既得益于上上下下的重视支持和方方面面的合作协作(表1),也同样得益于科学技术的广泛应用和项目管理的多重创新。正因为此,"小白礁Ⅰ号"水下考古项目被誉为"我国水下考古走向水下文化遗产保护的又一重要标识""我国水下考古的又一创新之作"⑪,并因此获评全国考古最高质量奖——"田野考古奖"三等奖,是首个获得这一奖项的水下考古项目⑫。

(二)沉船概况

调查与发掘情况表明,"小白礁Ⅰ号"沉埋处为海蛎壳夹泥沙底,南高北低,沉

① 关于古代"海上丝绸之路"的历史下限问题,学界观点不一。笔者倾向于以鸦片战争作为古代"海上丝绸之路"的历史下限,鸦片战争以后通过海上航道进行的中外交流,或可称之为近代"海上丝绸之路"。

② 向达整理《郑和航海图》,北京:中华书局,2000年,第31页。

③ 参阅龚缨晏:《远洋航线上的渔山列岛》,《海洋史研究》第十辑,北京:社会科学文献出版社,2017年。

④ [明]范涞:《两浙海防类考续编》第四卷,《续修四库全书》,上海古籍出版社,2002年,第368页。

⑤ [明]王在晋:《海防纂要》卷八,《四库禁毁书丛刊》史部第17册,第614页。

⑥ 参阅中国国家博物馆水下考古研究中心、宁波市文物考古研究所:《浙江宁波渔山小白礁一号沉船遗址调查与试掘》,《中国国家博物馆馆刊》2011年第11期。

⑦ 同注⑥。

⑧ 参阅宁波市文物考古研究所、国家文物局水下文化遗产保护中心、象山县文物管理委员会办公室编著《小白礁Ⅰ号——清代沉船遗址水下考古发掘报告》,北京:科学出版社,2019年。

⑨ 参阅宁波市文物考古研究所、国家文物局水下文化遗产保护中心:《浙江象山县"小白礁Ⅰ号"清代沉船2012年发掘简报》,《考古》2015年第6期。

⑩ 参阅宁波市文物考古研究所、国家文物局水下文化遗产保护中心、象山县文物管理委员会办公室:《浙江象山县"小白礁Ⅰ号"清代沉船2014年发掘简报》,《考古》2018年第11期。

⑪ 宁波市文物考古研究所、国家文物局水下文化遗产保护中心:《我国水下考古的又一创新之作——浙江宁波象山"小白礁Ⅰ号"2014年度发掘》,《中国文物报》2014年8月29日第5版。

⑫ 参阅王光远、林国聪:《宁波考古六十年》之"水下考古"篇,北京:故宫出版社,2017年。

■ 表1 "小白礁Ⅰ号"水下考古调查、发掘与现场保护工作单位一览表*

工作年度	主持单位	合作/协作/支持单位
2008	中国国家博物馆、宁波市文物考古研究所（现为宁波市文化遗产管理研究院，下同）	象山县文物管理委员会办公室（现为象山县文物保护管理所，下同）等
2009	中国国家博物馆、宁波市文物考古研究所	象山县文物管理委员会办公室等
2011	中国文化遗产研究院、宁波市文物考古研究所	象山县文物管理委员会办公室等
2012	中国文化遗产研究院、国家文物局水下文化遗产保护中心（现为国家文物局考古研究中心，下同）、宁波市文物考古研究所	中国国家博物馆、象山县文物管理委员会办公室、浙江大学等
2014	国家文物局水下文化遗产保护中心、宁波市文物考古研究所	中国文化遗产研究院、中国国家博物馆、象山县文物管理委员会办公室、中国科学院、中山大学、武汉理工大学、浙江大学、广州打捞局、上海劳雷公司、武汉海达数云技术有限公司、北京国洋联合潜水有限公司、宁波满洋船务有限公司等

*参与水下考古及现场保护专业人员来自全国各地，恕未一一列明。

船依海床地势大体呈南北向，南部水深约18~22米（低平潮–高平潮），北部水深约20~24米（低平潮–高平潮）。现存船体长约20.35、宽约7.85米，发现时已残裂为东西两半，东半部分长约20.35、宽约4.65米，西半部分长约20、宽约3.2米（图5）。船体上层和船舷等高出海床表面的构件已不存在，但龙骨、肋骨、船壳板、隔舱板、铺舱板、桅座等主要构件依然保存较好且可复原程度较高[13]。

出水船体构件共计236件（少数损毁严重的小块船材未予登记），其中龙骨3件、肋骨及相关构件73件、船壳板94件、舱室构件65件、桅座1件（图6，表2）。树种鉴定及研究结果显示，"小白礁Ⅰ号"造船用材主要产自东南亚一带，造船工艺兼具中国传统造船技术与海外造船技术双重特性[14]。

（三）出水文物

"小白礁Ⅰ号"出水文物共计1064件，其中青花瓷592件、五彩瓷44件、紫砂2件、陶器15件、金属器73件、竹木器2件、石质品333件、砖块3块[15]（图7，表3、4）。

出水文物按其用途大体可分五类：一是贸易商品，主要是青花瓷器，包括碗、豆、盘、碟、杯、勺、灯盏等，尤以青花瓷碗居多，也有少量五彩瓷盖罐；二是船员用品，包括紫砂壶、罐，釉陶壶、罐、缸，红陶盆，锡砚、盒，毛笔，木砚台底座，印章等；三是流通货币，包括清代康熙、雍正、乾隆、嘉庆、道光五个年号的铜钱，日本、越南铜钱，西班牙银币，银饼等；四是船体配件和行船用具，包括铜螺栓、铜构件、锡构架、铅片、锌构件、测深铅锤等；五是石板材，初步鉴定为宁波鄞西特产"小溪石"，这类货物既可在行驶中用作压舱，也可在到达后出售牟利，可谓一举两得，物尽其用。

[13] 参阅宁波市文物考古研究所、国家文物局水下文化遗产保护中心、象山县文物管理委员会办公室编著《"小白礁Ⅰ号"——清代沉船遗址水下考古发掘报告》，北京：科学出版社，2019年。

[14] 同注[13]。

[15] 同注[13]。

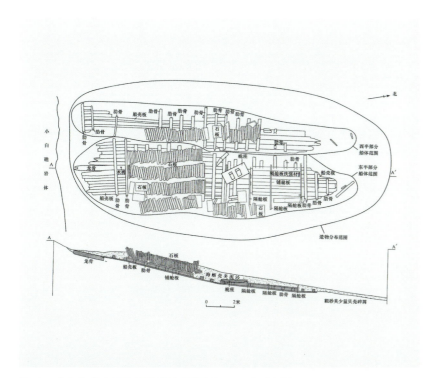

图 6　"小白礁 I 号"沉船部分出水船体构件

图 5　"小白礁 I 号"沉船平剖面图（2012 年实测）

图 7　"小白礁 I 号"沉船部分出水文物

▎表 2　"小白礁 I 号"出水船体构件分类统计表*

序号	类别／数量	名称／数量	序号	类别／数量	名称／数量
1	龙骨 /3	艏龙骨 /1	4	舱室构件 /65	隔舱板 /3
		主龙骨 /1			铺舱板 /43
		艉龙骨 /1			隔舱板补强材 /1
2	肋骨及相关构件 /73	船底肋骨 /22			隔舱板扶强材 /2
		舷侧肋骨 /21			顶杠 /1
		肋骨补强材 /12			压条 /15
		肋骨补强板 /12	5	桅座 /1	桅座 /1
		肋骨残件 /6	合计		236
3	船壳板 /94	内层船壳板 /18 列 55 件			
		外层船壳板 /13 列 39 件			

*本表资料源于宁波市文物考古研究所、国家文物局水下文化遗产保护中心、象山县文物管理委员会办公室编著《"小白礁 I 号"——清代沉船遗址水下考古发掘报告》表七，北京：科学出版社，2019 年，第 39~40 页。

▌ 表3 "小白礁Ⅰ号"出水文物分类统计表 —— 瓷器*

质地 / 数量	类别 / 数量	器类 / 数量	器型 / 数量	纹饰 / 数量	
瓷器 /636	青花瓷 /592	碗 /529	弧腹碗 /502	缠枝花卉纹 /500	大碗 /36
					中碗 /61
					中小碗 /33
					小碗 /370
				灵芝纹 /2	
			斜腹碗 /27	草叶纹 /5	
				竖线纹 /2	
				花草纹 /17	
				折线纹 /3	
		豆 /24		盘心花草纹 /15	
				盘心莲子纹 /9	
		盘 /8		"福"字纹 /5	
				花草纹 /1	
				灵芝纹 /2	
		碟 /2			
		杯 /25		青花有晕散 /24	
				青花无渲染 /1	
		勺 /2			
		盖 /1			
		灯盏 /1			
	五彩瓷 /44	碗 /3			
		罐 /7	大罐 /2		
			中罐 /2		
			小罐 /3		
		盖 /34	大盖 /13		
			中大盖 /6		
			中盖 /1		
			中小盖 /8		
			小盖 /6		

*参阅宁波市文物考古研究所、国家文物局水下文化遗产保护中心、象山县文物管理委员会办公室编著《"小白礁Ⅰ号"——清代沉船遗址水下考古发掘报告》，北京：科学出版社，2019年。

▌表4 "小白礁 I 号"出水文物分类统计表 —— 其他*

质地／数量	类别／数量	器类／数量		质地／数量	类别／数量	器类／数量	
紫砂／2		壶／1		竹木器／2	竹器／1	毛笔／1	
		罐／1			木器／1	砚台底座／1	
陶器／15	酱釉／13	壶／3	短流／1	石质品／333		印章／1	
			长流／2			砺石／1	
		盖／1				石板材／331	
		罐／8		砖块／3			
		缸／1					
	红陶／2	盆／1					
		盖／1					
金属器／73	铜质品／63	铜钱／57	康熙通宝／2				
			雍正通宝／1				
			乾隆通宝／33				
			嘉庆通宝／11				
			道光通宝／4				
			景兴通宝／1				
			宽永通宝／1				
			不可辨识／4				
		铜螺栓／3					
		铜盖／1					
		铜构件／2					
	锡质品／3	锡砚／1					
		锡盒／1					
		锡构架／1					
	铅质品／3	铅锤／1					
		铅片／2					
	锌质品／1	锌构件／1					
	银质品／3	银币／1					
		银饼／2					

*参阅宁波市文物考古研究所、国家文物局水下文化遗产保护中心、象山县文物管理委员会办公室编著《"小白礁 I 号"——清代沉船遗址水下考古发掘报告》，北京：科学出版社，2019年。

（四）项目管理

作为宁波，乃至浙江首个正式获批立项的水下考古发掘项目和国家水下文化遗产保护重点项目之一，"小白礁Ⅰ号"不仅因其众多珍贵的出水文物和兼具中外造船技术特征的船体构造为社会所关注，更因其规范、融合、创新的项目管理为业界所称道。主要做法包括：1.在组织架构上，既强化项目的整体管理，又强调一线专业人员的核心作用，上下联动，共促发展；2.在项目运作上，引入市场机制，博采众家之长，积极推动多学科的介入和多团队的合作；3.在工作理念上，始终注重发掘与保护并举、展示与研究并重，让水下考古和水下文化遗产保护成果为公众共享；4.在安全保障上，健全相关制度，注重潜水安全，合理规划平台，科学监控指挥，确保项目顺利实施。关于此点及下文"技术创新"部分，笔者等人此前已有详论[16]，本文不再逐一展开。

（五）技术创新

"小白礁Ⅰ号"在考古工作方法和现代技术应用方面的诸多创新同样值得推崇。创新亮点包括：1.在技术方法上，参照田野考古，结合水下特色，检验、试行、修订国家《水下考古工作规程》。具体做法有：创新开展水下考古调查；因地制宜选择发掘方法；科学精准测绘船体遗迹；系统编号船体构件；按照造船规范拆卸船材；严格信息采集保护流程。2.在科技应用上，借力高新设备，勇于尝试创新，探索开展水下考古的立体化与数字化。具体做法有：首次采用水下三维声呐设备blue view 5000辅助进行水底测绘，获取了沉船海底保存状况的点云数据和三维数字模型，测绘精度高达毫米级，且可按需生成任意角度的各类平面、剖面和立面图；首次成功三维虚拟复原沉船在海底的保存现状，从而使之得到科学、直观的再现；首次成功构建水下考古现场三维展示系统，实现了对水下考古现场的数字化管理与三维立体展示；成功开发首个专用出水文物数字化管理系统（图8），实现了文字、图纸、照片、视频、三维模型等信息资料的数字化登记录入，也方便了今后的查询、统计、比对、分析与打印、输出；首次全程使用水下高清摄像头配合水下流速流向仪，实时监测沉船海域水下能见度、悬浮物、流速、流向等动态水况，据此合理调度部署水下作业，既保障了工作质量，又提高了作业效率。以上创新之举，不仅有力推进了"小白礁Ⅰ号"水下考古项目的按时、保质、高效完成，同时也为我国水下考古的立体化与数字化做出了有益尝试，在某种程度上可以说是开创了我国水下考古工作的经典模式。

二、保护与展示

（一）保护修复

根据计划，"小白礁Ⅰ号"沉船保护修复分为现场保护和室内保护两大部分，其中室内保护又分为脱盐脱硫、脱水定型、拼装复原三个阶段。整个保护周期预计长达10—15年之久，目前已经完成现场保护和脱盐脱硫工作[17]。

1.考古发掘现场保护

2012年7月，船载文物发掘刚刚完成，宁波市文物考古研究所即着手编制了《宁

⑯ 参阅林国聪、王结华：《"小白礁Ⅰ号"水下考古项目管理与创新》，宁波市文物考古研究所、宁波中国港口博物馆、国家文物局水下文化遗产保护中心编著《新技术·新方法·新思路——首届"水下考古·宁波论坛"文集》，北京：科学出版社，2015年。

⑰ 参阅国家水下文化遗产保护宁波基地、宁波市文物考古研究所：《海洋出水沉船船体保护的新探索——宁波"小白礁Ⅰ号"沉船保护修复（Ⅰ期）项目概述》，《中国文物报》2019年1月18日第7版。

波"小白礁Ⅰ号"船体科技保护初步设想》，并于同年10月召开了专家论证会；会后通过公开招标方式，委托中国文化遗产研究院编制了《宁波"小白礁Ⅰ号"沉船现场保护与保护修复方案（一期）》，并于2013年4月获得国家文物局批复立项，船体保护工作由此正式提上议事日程。

2014年5月，宁波市文物考古研究所联合诸多科研机构正式启动船体发掘现场保护工作。在完成沉船海底环境样品检测和全部236件船体构件的登记编号、冲洗清理、测绘扫描、影像记录、三维建模、定型加固、喷淋保湿、包裹装箱（图9）等系列现场保护措施后，于同年7月将其安全运入国家水下文化遗产保护宁波基地边保护边展示（图10），从而不仅实现了从发掘现场保护到室内保护展示的平稳过渡，也为下一步的保护修复提供了科学依据，奠定了技术基础。

2.室内脱盐脱硫处理

船体脱硫脱盐工作于2014年7月启动，至2018年12月完成，主要工作内容包括船体保存状况评估、船体用材鉴定分析（表5）、脱盐脱硫处理、初步拼接复位与虚拟复原等（图11）。这一阶段工作主要由宁波市文物考古研究所联合中国文化遗产研究院实施，同时还与国家文物局水下文化遗产保护中心、中国科学院、中山大学、浙江大学宁波理工学院等机构深度合作，联合攻关，其中不乏出水船体保护新问题的研究和新技术的探索，从而为同类项目的开展提供了新思路、新材料和新方法。

2019年1月9日，"小白礁Ⅰ号"沉船现场保护与脱盐脱硫工作顺利通过验收。目前脱水定型方案已经委托国家文物局考古研究中心编制完成并批复立项，相关工作正在有序推进中。

（二）展示宣传

"小白礁Ⅰ号"发掘期间，各大传统、新兴媒体纷纷予以全方位、多角度、零距离、大篇幅、跟踪式的宣传报道，特别是2012年6月下旬中央电视台的三次实况直播（图12），不仅在国内外掀起了一股热议水下考古的浪潮，为社会奉献了一道精彩的文化盛宴[18]，还同时催生了水下考古纪实读物《水下24米——浙江宁波象山"小白礁Ⅰ号"水下考古实录》[19]一书的问世。

图8 "小白礁Ⅰ号"出水文物数字化管理系统

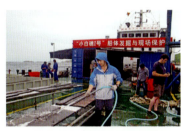

图9-1 现场保护之船体构件 登记编号　　图9-2 现场保护之船体构件 冲洗清理

图9-3 现场保护之船体构件 三维扫描　　图9-4 现场保护之船体构件 定型加固

图9-5 现场保护之船体构件 喷淋保湿　　图9-6 现场保护之船体构件 包裹装箱

⑱ 参阅张华琴、洪欣：《宁波考古六十年》之"宣传展示"篇，北京：故宫出版社，2017年。
⑲ 国家文物局水下文化遗产保护中心、宁波市文物考古研究所编著《水下24米——浙江宁波象山"小白礁Ⅰ号"水下考古实录》，北京：中国广播电视出版社，2014年。

图 10-1 "小白礁 I 号"保护展示地——国家水下文化遗产保护
宁波基地及宁波中国港口博物馆外景

图 10-2 国家水下文化遗产保护宁波基地沉船
保护展示室（局部）

图 11-1 室内保护之船体
构件分层浸泡脱盐脱硫

图 11-2 室内保护之船体
构件检测化验

图 11-3 室内保护之船体
构件舱料分析

图 11-4 室内保护之船体
构件显微观察

图 11-5 室内保护之船体构件
三维形貌观察及色差检测

图 11-6 室内保护之船体构件拼接复位

图 11-7 室内保护之船体构件虚拟复原

图 12 2012 年中央电视台实况直播背景

图 13-1 "小白礁 I 号"水下
考古发掘场景模拟展示

图 13-2 "小白礁 I 号"部分
出水文物陈列展示

▌ 表5 "小白礁Ⅰ号"船体用材树种一览表*

序号	类别			数量/个			所占比例
	科	属	种	种	属	科	
1	龙脑香科	坡垒属	芳香（软）坡垒	36	39	67	64%
			俯重（硬）坡垒	3			
		龙脑香属	未定种	21	25		
			纤细龙脑香	4			
		冰片香属	芳味冰片香	2	2		
		娑罗双属	深红（疏花）娑罗双	1	1		
2	马鞭草科	柚木属	柚木	13	13	16	15%
		佩龙木属	佩龙木	2	2		
		石梓属	石梓	1	1		
3	桃金娘科	子楝树属	五瓣子楝树	11	11	11	10%
4	使君子科	榄仁树属	T. pallid	4	4	4	4%
5	千屈菜科	紫薇属	大花紫薇	1	2	2	2%
			副萼紫薇	1			
6	楝科	樫木属	戟叶樫木	1	1	2	2%
		麻楝属	麻楝	1	1		
7	山榄科	铁线子属	铁线子	1	1	1	1%
8	番荔枝科	依兰属	香依兰	1	1	1	1%
9	大戟科	黄桐属	印马黄桐	1	1	1	1%
合计	9	15	18		105		100%

*本表引自国家水下文化遗产保护宁波基地、宁波市文物考古研究所：《海洋出水沉船船体保护的新探索
——宁波"小白礁Ⅰ号"沉船保护修复（Ⅰ期）项目概述》，《中国文物报》2019年1月18日第7版。

　　"小白礁Ⅰ号"发掘结束以后，其出水文物和沉船船体曾经在或现仍在不同场合陈列展示，其中位于国家水下文化遗产保护宁波基地内的"水下考古在中国"专题陈列，展出按1:2比例复原的"小白礁Ⅰ号"考古发掘场景和部分出水文物（图13），同时船体保护修复场所也作为该陈列的一个重要组成部分，观众可以透过通电玻璃欣赏其保护修复工作流程。这一陈列颇受欢迎，据不完全统计，自2014年10月开展至今参观人数已超300万人次。此外，"小白礁Ⅰ号"部分出水文物还曾在或现正在全国多地临时借展或长期展出，同样观者众多，好评如潮。

三、研究与思考

(一)研究成果

据不完全统计,迄今关于"小白礁Ⅰ号"的研究成果已然蔚为大观,其中与其直接相关者即达30多种。以上成果在比较客观、全面、科学反映"小白礁Ⅰ号"的前世今生及其调查、发掘、保护、展示各个层面的同时,也对与其相关的一些问题做了初步探讨。特别是2019年出版的《"小白礁Ⅰ号"——清代沉船遗址水下考古发掘报告》可谓集大成者,书中对于该船年代(清代道光年间)与性质(民间商船)、沉没原因(触礁)、始发港(宁波)与目的地(可能为琉球或东南亚[20])、船体特征与工艺(兼具中外技艺)、造船用材(主要产自东南亚一带)与建造地(或属中国船主海外建造)等都做了细致的分析和自己的判定,有兴趣的读者不妨自行观之。

(二)问题探讨

虽然如此,关于"小白礁Ⅰ号"沉船,目前仍有一些历史疑问或悬而未决,或待再作补充和深入研究。笔者借此机会,仅就其中几个细节问题试解析之。

1.具体沉没年代问题

"小白礁Ⅰ号"出水文物中,不乏"道光"年款的青花瓷器和"道光通宝"钱币,且无比此更晚的纪年器物。按照考古学上的就晚原则,只此一点即可推断出"小白礁Ⅰ号"的沉没时间应该是在清代道光年间,这一点毋庸置疑。

问题在于,"小白礁Ⅰ号"究竟沉没于哪一年?因为缺少详细的文字记录或直接的证据,目前来看仍然不得而知。不过,从宏观时代背景看,1840年鸦片战争爆发和1844年宁波正式开埠通商后,宁波港的对外贸易多被外国垄断,贸易额不增反减且下降幅度很大,如1844年宁波开埠当年的贸易额尚有50万元,"到了5年以后的道光二十九年却降到5万元"[21],以至于1846年1月10日、1847年1月9日、1849年1月6日,时任英国驻宁波领事罗伯聃、索里汪不得不感慨地分别给英国驻华公司报告说:"宁波的对外贸易似乎是不会繁荣起来了。……宁波的进出口贸易值比前一年减少了约三分之二。……在去年下半年以内,这个港口的贸易没有增加。"[22]与之相比,宁波本地的民间自营出口估计更是大受打击,而"小白礁Ⅰ号"显然属于民间性质的商船,因此该船沉没于1840年后的可能性不大,推测应该是在1821年至1840年的某一时间段出发并最终不幸沉没。

2.船载货物偏少问题

"小白礁Ⅰ号"现存船体长约20.35、宽约7.85米,复原后预计长度可达26~28米。一条长达近30米的中型外贸商船,在可以确定沉没后未遭盗掘的前提下,何以仅发现了区区1000多件文物?推测其缘由,无外乎以下两种可能:一是因为当年该船触礁沉没时并非水平沉底而是艉高艏低,因此不易被快速淤埋,长期的洋流冲刷可能带走了部分船货,但从水下考古时在沉船周边并未搜索到多少散落货物的情况看,这一可能性不能说没有,但应不会太大;二是当时船上装载的除了部分瓷器和石材,更多可能是当时宁波港较多出口贸易的粮食、丝棉、药材、茶叶等易于腐烂的货

⑳ 也有学者认为"小白礁Ⅰ号"航行的目的地是日本长崎港,此亦一说。参阅刘恒武、王力军:《关于小白礁一号沉船若干问题的思考》,《东南文化》2015年第2期。

㉑ 傅璇琮主编,乐承耀著:《宁波通史·清代卷》,宁波出版社,2009年,第268页。

㉒ 姚贤镐编《中国近代对外贸易史料》第1册,北京:中华书局,1962年,第619~623页。

物，因为年深月久，海水浸蚀，这些货物现已踪影难觅。种种迹象表明，这一可能性更大。

3. "源合盛记"印章问题

在"小白礁Ⅰ号"出水文物中，一方石质"源合盛记"印章很有意思，但遗憾的是并没有人对此给予太多关注。发现之初，这方印章一度被认作"盛源合记"，后来才更正为"源合盛记"。仅按字面意思看，这方印章可以释读为单独一家名为"源合盛记"的商号印章，也可以理解为"源"字商号与"盛"字商号的合用印章。然而不论是"源合盛记"商号，还是"源"字商号与"盛"字商号为了某一目的而临时或长期组建的商团(商帮)，我们在历史文献中都没有找到任何与之相关的信息，但也由此更加坐实了"小白礁Ⅰ号"的民间性质。从这个意义上讲，这方印章的发现，也在一定程度上填补了清代中晚期宁波地区民商经济和对外贸易研究资料的欠缺。

4. "孟臣制"紫砂壶问题

"小白礁Ⅰ号"还出水有一件"孟臣制"紫砂壶，一时也成为媒体争相报道的热点，但对此进行的深入研究同样着墨不多。孟臣，姓惠，生卒年不详，大约生活在明代天启到清代康熙年间，著名壶艺名家，善制紫砂小壶，款识多见"文杏馆孟臣制""荆溪惠孟臣制""惠孟臣制""孟臣制"等，作品曾远销欧美、中东及日本、韩国、泰国、菲律宾等国，但仿作也甚多。

明清以来，以至今日，"孟臣"壶热度不减。台湾学者、诗人连横有语云："茶必武夷、壶必孟臣、杯必若琛，三者为品茶之要，非此不足自豪，且不足待客。"存世之落"孟臣"款的紫砂壶数量众多，且多为朱泥制器，据台湾紫砂学者黄健亮先生粗略统计，在1040件工夫茶壶中，署"孟臣"款者至少占了23.46%。"孟臣"似乎从一个制作者的名字，变成了一种落款方式，进而成为一个知名品牌甚至紫砂壶的代名词。对此现象，民国李景康、张虹在《阳羡砂壶图考》一书中给出了解答："孟臣因负盛名，故赝鼎独伙，凡藏家与市肆无不有孟臣壶，非精于鉴赏者莫辨。"[23]从"小白礁Ⅰ号"发现的"孟臣制"紫砂壶来看，其器形、款识虽似与孟臣传世之作吻合，但年代相距较远，不排除为后世仿作。然而不论如何，这件名家或仿名家作品"孟臣制"紫砂壶都应非普通船员所有，可能属船主或船长之物，壶的主人日常生活中的点点滴滴和品位追求也于此可略窥一斑。

综上所述，经过十多年来的调查、发掘、保护、展示与研究，曾经深埋在浩瀚汪洋之中、幽暗海底深处的"小白礁Ⅰ号"终于重见天日。现在我们可以确认，这是一条使用海外木材建造、兼具中西造船技艺、主要从事海运贸易、具备远洋航行能力的木质帆船。当年它从宁波出发，满载各式货物，计划前往海外交易，却不幸触礁沉没在远离岸陆的渔山海域。这是"小白礁Ⅰ号"的不幸，也是今人的幸运，因为它的发现，不仅为探讨清代中晚期的贸易史、经济史、造船史、航路航线等提供了难得的案例，也为临近尾声的古代"海上丝绸之路"提供了实物的见证。

原载《中国港口》2020年增刊第1期，稍作修订、补充。

㉓ 参阅谈天说地古玩的博客：《浅谈孟臣壶》，http://blog.sina.com.cn/u/2649516990.

引言

2022 年 3 月 2 日，我国规模最大的一次古沉船整体打捞与保护工程——"长江口二号"古船考古与文物保护项目在上海正式启动，掀开"长江口二号"这艘古船自发现后尘封了近八年的神秘面纱。水下考古发掘再次引起了社会各界的广泛关注。国内水下文化遗产的展示始于 20 世纪 70 年代，随着 2009 年广东海上丝绸之路博物馆的建成达到高峰①。水下文化遗产的展示既有以"后渚港沉船"为基础而建成的古船陈列室，也有以"宝历风物——'黑石号'沉船出水珍品展"为代表的专题临展。本文将以水下文化遗产中的沉船为中心，以中国航海博物馆举办的"远帆归航：'泰兴'号沉船出水文物特展"为个案进行分析，希冀为相关博物馆举办此类展览提供可资借鉴的路径和方法。

一、国内沉船主题展览的举办现状

沉船主题展览并不罕见，目前国内发现的"南海一号""华光礁一号""南澳一号""蓬莱沉船""后渚港沉船""致远舰"等均举办过专题临展，或作为基本陈列展出，境外印度尼西亚"黑石号"，韩国"新安"，马来西亚"万历号"，越南"头顿""金瓯"等沉船也来国内举办过展览②。"一带一路"倡议提出以来，"海上丝绸之路"主题展览倍受文博界的重视。作为"海上丝绸之路"最直接、最真实的见证，沉船及其出水文物专题展更是如此，多个临展进入相应年度的"全国博物馆十大陈列展览精品奖"终评。

沉船主题展览作为近年来博物馆界较为热门的策展方向之一，藏品本身的艺术性以及沉船的故事性，让沉船主题展的关注度持续升温。根据笔者的粗略统计，自 2010 年以来，国内先后举办过 11 场沉船主题临时展览（表 1）。

沉船主题展览是"海上丝绸之路"类展览的重要策展方向之一，是对海洋考古成果的专题展示。沉船是"海上丝绸之路"上的重要文化遗产，是反映其所处时代的时间胶囊，具有重要的学术研究价值。水下考古发现的宋代沉船主要有广东"南海一号"、福建连江定海湾"白礁一号"、西沙群岛"华光礁一号"等；元代沉船以辽宁绥中三道岗、福建平潭"大练岛一号"、西沙群岛"石屿二号"为代表；明代沉船发现较多，较为典型的有山东胶南"鸭岛一号"、福建平潭"九梁一号"和广东汕头"南澳一号"等；清代沉船主要有福建东山冬古湾、平潭"碗礁一号"、莆田"北日岩三号"，浙江宁波渔山"小白礁一号"等③。根据中国航海博物馆（以下简称"中海博"）船模研制中心的统计，国外机构打捞、发掘的中国海外贸易沉船有"菲律宾'里纳礁'中国明代沉船、越南'金瓯'中国清代沉船、菲律宾'圣克劳斯'号中国明代沉船、印尼'巴高'中国明代沉船、越南'平顺'中国明代沉船、韩国'新安'元代沉船、越南'头顿'中国清代沉船、印尼爪哇'泰兴'号中国清代沉船"等八艘④。

沉船主题展览的举办得到社会各界的广泛关注，2019 年，中海博策展团队策划的"器成走天下：'碗礁一号'沉船出水文物大展"开展后远超预期。广东省博物馆举办的"大海道——'南海Ⅰ号'沉船与南宋海贸"展，以"南海Ⅰ号"沉船出水文物为基础，辅以反映南宋社会生活、航海科技、中外文化交流等的实物资料，展现"海上丝绸之路"的繁荣、古人万里行舟的智慧和今人保护文化遗产的努力⑤。上海博物馆举办的"宝历风物——'黑石号'沉船出水珍品展"虽经疫情影响，但最终得以精彩呈现，这也是新加坡亚洲文明博物馆藏"黑石号"藏品首次在国内公开展出。

二、"远帆归航：'泰兴'号沉船出水文物特展"策展实践

沉船主题展览是中海博"十三五"以来主要策展方向之一，举办此类展览也是加强与"海上丝绸之路"沿线博物馆交流合作的重要途径。近年来，中海博先后策划了"China与世界——海上丝绸之路沉船与贸易瓷器大展""器成走天下：'碗礁一号'沉船出水文物大展""远帆归航：'泰兴'号沉船出水文物特展"三个原创沉船主题展览，下面就"远帆归航：'泰兴'号沉船出水文物特展"的策展缘起、展览梗概、设计理念等概述如下。

（一）策展缘起

"泰兴"号是一艘清代的远洋贸易船。据考证，这艘船长50余米，宽10余米，重达1000余吨，有15个独立的舱室，为一艘巨型三桅远洋帆船。1822年1月14日，它满载着陶瓷、丝绸、茶叶等船货，从厦门港出发，驶向巴达维亚。"泰兴"号上搭载着1800多名年龄在6岁到70岁之间的航海者。"泰兴"号沿着海岸线一直向南行进，在到达马来西亚东部的刁曼岛后，不再遵循几个世纪摸索出来的邦加海峡传统航线，而是改变航向，前往勿里洞岛和邦加岛东侧之间的加斯帕海峡，在此撞礁而沉。经途经附近船只的搭救，最终190人获救，其余都在海难中遇难，一度被称为东方"泰坦尼克"号。

1999年5月，澳大利亚一家海洋公司在中国南海附近将"泰兴"号打捞出水，出水器物丰富多彩，其中绝大多数为陶瓷器，达35万件以上，瓷器中绝大部分为青花瓷，还有一部分白釉、酱釉、青黄釉瓷器以及宜兴紫砂等。

2018年11月，洋庐集团董事长郑长来先生从英国联邦贵金属公司购回12万件"泰兴"号沉船遗物，至此，这批随着"泰兴"号沉寂海底的珍宝，最终回到祖国怀抱。

2019年8月，195件"泰兴"号沉船瓷器入藏中国国家博物馆；同年9月，400件"泰兴"号沉船遗物回归家乡德化县陶瓷博物馆；同年11月，50件"泰兴"号沉船瓷器入藏泉州海外交通史博物馆。

经过中海博藏品征集团队的努力，2020年10月25日，"泰兴"号沉船出水瓷器捐赠仪式暨"泰兴"号重走"海上丝绸之路"启动仪式在上海举行，洋庐集团向中海博无偿捐赠100件"泰兴"号沉船出水文物。捐赠仪式上，郑长来讲述了他与"泰兴"

① 魏俊：《中国水下文化遗产的博物馆展示》，《中国博物馆》2020年第3期。

② 毛敏：《"碗礁一号"沉船出水文物大展策展思考与实践》，《器成走天下："碗礁一号"沉船出水文物大展图录》，北京：文物出版社，2019年，第34页。

③ 孟元召：《中国境内古代沉船的考古发现》，《中国文化遗产》2013年第4期。

④ 《独家揭秘｜"泰兴"号，考古发现的最大中国古代沉船？》，http://mp.weixin.qq.com/s?__biz=MjM5ODcwNDI0Mw==&mid=2652736394&idx=1&sn=58aa1a7e5a9c178cb014feaae56f1ffa&chksm=bd2f8e968a580780bb2c55fce5d54a0d80a6868bc0a6d5639d0a774239dc7da4371a9f83d4c2&mpshare=1&scene=24&srcid=0321Io9ZUTno7C5lLFAGBJah&sharer_sharetime=1647850922433&sharer_shareid=1edb7058cfdecd257a0aedf59d9f63ec#rd.

⑤ 刘冬娜：《"大海道——'南海Ⅰ号'沉船与南宋海贸"策展解析》，《艺术与民俗》2021年第1期。

■ 表1　2010年以来国内博物馆代表性沉船主题展览汇总表（2010—2022年）

序号	展览名称	展览地点	沉船年代	展期	办展模式	获奖
1	大海的方向——华光礁Ⅰ号沉船特展	海南省博物馆	南宋	2011年11月15日—2013年4月7日	独立主办	2011年度全国博物馆十大陈列展览精品奖
2	大元帆影——韩国新安沉船出水文物精华暨康津高丽青瓷特别展	浙江省博物馆	元代	2012年12月18日—2013年3月3日	联合主办	
3	海上丝绸之路的明珠——"黑石号"沉船唐代长沙窑瓷器展	长沙市博物馆	唐代	2014年7月29日—9月14日	联合主办	
4	牵星过洋：万历时代的海贸传奇	广东省博物馆	明万历时期	2015年9月23日—2016年3月20日	独立主办	2015年度全国博物馆十大陈列展览精品奖
5	寻找致远舰——2015年度全国十大考古新发现	北京大学赛克勒考古与艺术博物馆	近代	2017年5月31日—9月10日	联合主办	
6	China与世界——海上丝绸之路沉船与贸易瓷器大展	南京市博物总馆、宁波博物馆、中国航海博物馆	唐代—清代	2017年9月28日—12月28日	联合主办	2017年度全国博物馆十大陈列展览优胜奖
7	大海道——"南海Ⅰ号"沉船与南宋海贸	广东省博物馆	宋代	2019年5月18日—8月25日	联合主办	2019年度全国博物馆十大陈列展览优胜奖
8	器成走天下："碗礁一号"沉船出水文物大展	中国航海博物馆	清	2019年6月14日—8月25日	联合主办	
9	宝历风物——"黑石号"沉船出水珍品展	上海博物馆	唐代	2020年9月15日—2021年1月10日	联合主办	2020年度国际及港澳台合作奖
10	辽海云帆——元代黄渤海海域贸易瓷器展	旅顺博物馆	元代	2020年12月18日—2021年3月14日	联合主办	
11	远帆归航："泰兴"号沉船出水文物特展	中国航海博物馆	清代	2021年8月24日—2022年2月15日	联合主办	

号的故事,中海博副馆长王煜研究馆员、上海博物馆原陶瓷研究部主任陆明华研究馆员、上海陶瓷科技艺术馆馆长蔡念睿等七位专家分别就沉船复原、瓷器研究等进行交流探讨。中海博船模研制中心研制的"泰兴"号船模在仪式上展出。

中海博与洋庐集团的捐赠协议明确了关于"泰兴"号的专题展览的约定,这一展览也符合中海博的策展方向。2020年8月,策展团队开启展览的策划工作,并先后赴泉州市博物馆、泉州海外交通史博物馆、德化县陶瓷博物馆进行展览合作沟通与藏品调研。经友好协商,确定由中海博、洋庐集团、德化县陶瓷博物馆三家共同举办本次展览,中海博先后分两个批次赴洋庐集团中山基地、德化县陶瓷博物馆挑选藏品,最终德化县陶瓷博物馆约200件(套)、洋庐集团166件(套)、中海博约100件(套),合计近500件(套)藏品参展。

三方共同举办、共同出借藏品,中海博负责展览内容策划、设计制作、文创产品开发、图录出版、船模研制等系列工作,实现了中海博与私人藏家合作办展的突破,三方整合资源,发挥所长,助力"海上丝绸之路"文化宣传,共同讲好"海上丝绸之路"故事。

(二)策展思路

讲好"泰兴"号沉船的故事,完整、准确复盘"泰兴"号的行驶路线、沉没经过、打捞过程是本次策展的初衷,也是难点所在。鉴于"泰兴"号沉船的故事性、神秘性、话题性,"远帆归航:'泰兴'号沉船出水文物特展"以叙事展览为设计思路进行策划,通过策展人和设计师的合作,实现从时间和空间两个方面对叙事展览进行建构。"叙事展览是以时间轴进行最顶层组织架构,展示内容具有明确的一致性,并形成一定的故事逻辑的展览范式。"⑥叙事展览的传播优势体现在通过人们熟知的故事讲述方式来唤起观众的情绪,从而加强观众与展览的联结度,最终通过展厅空间,讲述具有博物馆独特形态的故事。

德化县陶瓷博物馆的所在地德化县为"泰兴"号沉船主要货物德化瓷的生产地,洋庐集团为国内"泰兴"号瓷器的捐赠方和拥有方,中海博为受赠方、展示方,三方均为抢救和展示"泰兴"号做出了巨大努力,也充满故事性、话题性。中海博发挥专业力量进行沉船的复原研究,并加强航线、航路的研究,全面复盘了沉船的沉没缘由,研制的"泰兴"号船模在展览中展出,加强了展览的深度,将本次展览送至地铁站、交通枢纽等地进行展出,延伸了展览的传播度。

相较于其他沉船中发现的精彩藏品,"泰兴"号沉船上发现的藏品观赏性稍显不足,重量级藏品不多,但学术价值高、故事性强,也是策展团队选择叙事性展览进行策划的缘由之一。为讲好"泰兴"号沉船的故事,中海博为本次展览配套举办了学术讲座、教育活动,并出版图录等,使得本次展览的内容更加有深度,设计更加有创意,配套更加丰富。

(三)策展内容

本次展览通过400余件(套)的沉船出水瓷器解读"泰兴"号这艘沉船的前世今生,整个展览通过追问"'泰兴'号因何改变航向,'泰兴'号因何触礁,'泰兴'号

⑥ 许捷:《叙事展览的结构与建构研究》,浙江大学博士学位论文,2018年,第152页。

图1 序厅

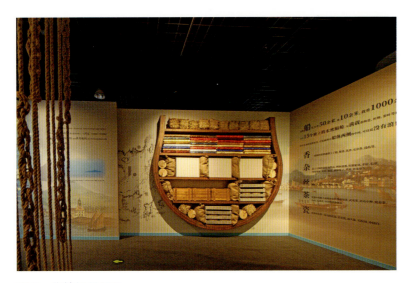

图2 货舱场景展示

上的船员是如何获救,'泰兴'号是如何被发现、打捞、面世"等问题,完整地讲述"泰兴"号从启航到沉没直至重见天日的故事。

展览还原了绿头船"泰兴"号1822年1月从厦门港出发,沿着海岸线一直向南行进,在到达马来西亚东部的刁曼岛后,改变航向,前往勿里洞岛和邦加岛东侧之间的加斯帕海峡而沉没的过程。展览使用了大量图文资料,对"泰兴"号沉没的过程进行复原(图1、2);同时对该船的打捞、拍卖、回购等过程进行详细展示解读。中海博船模研制中心复原的"泰兴"号船模及为复原该船而绘制的图纸、制作的视频等也在展览中得以呈现(图3)。此外,还展示了航海罗盘和针路簿等古代航海工具。展览不仅仅讲述"泰兴"号的故事,还从科技的角度阐释了该船对古代导航技术的运用。

展览第二部分"熠熠有瓷珍"分别从青花瓷、白釉瓷、五彩瓷、青褐釉瓷四个方面对沉船出水瓷器进行分类展示,以精彩的形式设计配以沉浸式的环境体验,让观众去感受沉船中的陶瓷之美,并以场景的复原来讲述沉船瓷器的生产与销售。

"优秀的展览应让观众认识到历史与现实的联系,历史对现实的发展有什么影响,在历史演进的长河中增加对现实生活的认同感。"[7]为了让历史照进现实,展览第三部分"悠悠访瓷都"不仅讲述了"一眼千年"的德化古窑,还阐释了德化窑瓷器行销世界的历程。同时展出当代德化窑陶瓷工艺大师的精美作品15件,这些作品既在继承传统工艺技法和艺术表现形式的基础上开拓创新,注重个性化,又正视传统、尊敬传统,推动德化窑瓷雕艺术在新时代再登高峰,蜚声海内外。展览不仅呼应"海上丝绸之路"文化遗产的保护,同时希望讲好"海上丝绸之路"上贸易与文化交流的坚守与不易。

三、展览设计与配套活动开展

本次展览是中海博举办的第三个沉船主题展览,相较于前两个特展,本次展览藏品的观赏性欠佳、类型单一、独特性不足,重量级藏品鲜少,大多数藏品为18世纪至19世纪初德化生产的用于出口亚洲市场的青花瓷,以青花盘、碗、杯、碟、罐、盖碗等

⑦ 任琳:《交点与焦点:"丝绸之路"系列特展的博物馆学观察》,《博物院》2017年第6期。

图3　中海博船模研制中心研制"泰兴"号船模

日用瓷为主。"泰兴"号沉船出水瓷器达35万件以上，如此大规模的发现也证明了德化清代青花瓷的生产和外销达到了全盛时期⑧。基于"泰兴"号沉船的故事性，以及叙述性展览的策划要求，策展团队以故事性、艺术性为基调来设计本次展览，构建沉浸式展陈空间，以密集展示方式突显藏品的丰富性、震撼性、艺术性。

构建沉浸式的展陈空间。基于"泰兴"号沉船的故事性、话题性、神秘性，构建沉浸式展陈空间，使观众置身其中，通过多感官体验，以故事性引导观众带着问题去思考。沉浸式的体验方式在展览空间中主要表现在可以让观众以更放松的心态去体验展览，忽略或忘记身边的真实环境，专注于展示的内容，以保证观众注意力被长时间吸引，融入展览的主题氛围中，实现人与物的对话。展览通过场景复原的方法，充分运用色彩、灯光、多媒体等技术手段，实现沉浸式互动场景的故事营造，使沉浸式氛围在空间艺术中展现（图4）。

密集展示，突显视觉震撼。"密集展示"指的是汇集多个相同或不同品类的展品在同一展区集中展示。基于展厅空间有限，以及本次展览同类型藏品的丰富性，特别是碗、碟、粉盒、瓶、勺件数众多，但观赏性一般，采用密集展示可以给人以非凡的视觉体验，达到不同凡响的展示效果，同时也便于参观者去研究这些藏品，总结出一般规律进而对与之相关的更深层次问题进行探究，"将'不起眼儿'的文物展出了大气势"⑨（图5）。

在尚未进入展厅之前，策展团队将展厅入口处布置了一个青花瓷盘密集展示的场景，供观众驻足打卡，并在坡道前布置了灯箱海报，观众从斜坡通道进入展厅探秘处时，"他因遇难人数之多被称为东方'泰坦尼克'号"等醒目话语映入眼帘，各种

⑧ 郑炯鑫：《从"泰兴号"沉船看清代德化青花瓷器的生产与外销》，《文博》2001年第6期。

⑨ 严建强：《博物馆与记忆》，《国际博物馆》2011年第1期。

图 4 沉浸式展陈空间

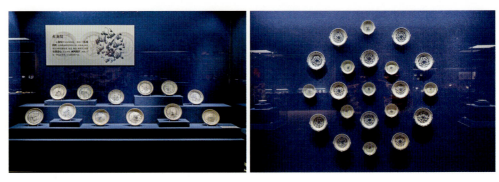

图 5 密集展示

发问引人思考，由此进入展厅（图 6）。展厅中以"茫茫探海舶"的故事性来展开展览叙述，以场景复原为手法讲述"泰兴"号的故事，同时配以多媒体进行立体展示。在"熠熠有瓷珍""悠悠访瓷都"中，以藏品的内涵解读为出发点进行沉浸式营造，并配以密集展示提升效果。

教育活动是提升展览的重要抓手，本次展览分别从"听 —— 瓷器了无痕讲座""做 —— 马口铁徽章青花韵""画 —— 童心萌蒙绘青花课堂""绘 —— 素胚勾勒出青花""说 —— 航海少年说"五个角度策划了多场教育活动，开展不同形式的教育体验，让参与者了解"泰兴"号的前世今生，动手描绘青花瓷器的古韵，欣赏青花之美，亲自见证青花瓷器的拉坯、上色、釉烧、出炉等制作过程。

运用新媒体技术，提升展览的传播度，让观众不只在展厅内体验，还可以通过云端来观展，在后疫情时代，虚拟展览传播是一项重要手段。本次展览也在开展后不久同步推出了网上云展览，观众一方面可以足不出户看展，另一方面也可以参与展览的互动和讨论。

图6 展览室外氛围营造

四、沉船主题展览策划的思考

沉船主题展览近年来成为文博行业的重点策展方向之一,"沉船主题展览或在展览中使用沉船出水文物成为近年来文博行业的热点"⑩。中海博举办本次展览既是原定计划也是意外之作。"泰兴"号沉船主题展览的策划面临很多挑战,不同于以往发现的沉船,本次可供展出的藏品的观赏性、丰富性有限,同时关于"泰兴"号的研究及其故事性的挖掘都稍显不足,更大的挑战还来自于经费的不足。

基于"泰兴"号的故事性、话题性,策展团队以叙事展览为策展理念,以叙事为手法,讲述"泰兴"号的前世今生。无论是叙事展览还是信息主导型展览都需要对沉船及其出水文物进行深入的研究,挖掘沉船、藏品及其背后的故事,通过展览"让文物活起来",推动"海上丝绸之路"研究的深入,呼吁更多的人来关注、保护水下文化遗产。"展览叙事的未来,在于让更多不同的人讲述自己的故事,更在于超越叙事形成对话"⑪,本次展览的举办既是对"泰兴"号故事的阐释,更是通过古今对话来诠释"海上丝绸之路"精神,促进水下文化遗产的保护,铭记"向海而兴,背海而衰,不能制海,必为海制"的历史启示。

⑩ 刘冬娟:《"大海道——'南海Ⅰ号'沉船与南宋海贸"策展解析》,《艺术与民俗》2021年第1期。

⑪ 许捷:《展览叙事:从方法到视角》,《博物院》2021年第4期。

「形式」点亮「内容」

——「「泰兴」号沉船出水文物特展」形式设计的实践与思考

王蔓蔓　中国航海博物馆馆员

随着"一带一路"倡议的提出，加之"海上丝绸之路"研究的深入，我国各大博物馆相继举办各种以沉船为主题的展览。中国航海博物馆作为一家以"航海"为主题的国家级博物馆，一直致力于通过举办优质展览而讲好航海故事，弘扬航海文化。近年来，我馆联合国内多家文博单位共同举办以沉船为主题的展览。与南京市博物总馆、宁波博物馆联合举办"CHINA与世界——海上丝绸之路沉船与贸易瓷器大展"（以下简称"CHINA与世界"展览），与福州市博物馆联合举办"器成走天下：'碗礁一号'沉船出水文物大展"（以下简称"碗礁一号"展览），均受到社会各界的广泛关注与业内的高度肯定。"远帆归航：'泰兴'号沉船出水文物特展"（以下简称"泰兴"号展览）即为我馆"沉船系列"展览的又一力作。

放眼各大博物馆举办沉船主题展览，如福建博物院牵头举办的"丝路帆远：海上丝绸之路文物精品七省联展"、广东省博物馆举办的"牵星过洋：万历时代的海贸传奇"、上海博物馆与新加坡亚洲文明博物馆联合举办的"宝历风物——'黑石号'沉船出水珍品展"（以下简称"黑石号"展览）、广东省博物馆等举办的"大海道——'南海Ⅰ号'沉船与南宋海贸"（以下简称"南海Ⅰ号"展览）以及前面提到的"CHINA与世界"展览、"碗礁一号"展览等，我们不难发现，沉船主题展览具有主题鲜明、内容丰富、信息传播量大、展品数量多但类别较为集中的特点。由于每一艘沉船及其出水文物所蕴含的历史、文化内涵不同，每个展览对主题的切入点、展示的内容等也不尽相同。本文旨在通过对几个较为典型的沉船主题展览的展示内容进行横向比较，阐述"泰兴"号展览如何从内容策划的角度来思考和实践其形式设计工作。

一、展览内容策划分析

"泰兴"号长50余米，宽10余米，载重超过1000吨，这种体量的船在中国历史上不多见。清道光二年（1822年）1月，这艘巨型商船满载着瓷器、茶叶等货物及1800多名乘客、船员，由厦门起航前往爪哇（印度尼西亚的古称）的巴达维亚（今雅加达）。它沿着海岸线一路南下，在到达马来西亚东部的刁曼岛后，船长游涛科决定不再遵循几个世纪摸索出来的邦加海峡传统航线，而是改变航向，前往勿里洞岛和邦加岛东侧之间的加斯帕海峡。正是在加斯帕海峡"泰兴"号不幸触礁沉没。在"泰兴"号遭遇触礁事故的第三天（1822年2月7日），路过"泰兴"号事发海域的一艘英国货船"印第安娜"号救起了190名遇难人员。被救人员当中有一个叫"巴巴奇"的人通马来语，通过他的描述，"印第安娜"号的船长珀尔将"泰兴"号沉没的大概情况记录在"印第安娜"号的航海日志里。1999年，英国探险家迈克·哈彻通过"印第安娜"号货轮资料和航海日志，在印尼海域发现了这艘已沉睡海底一百多年的沉船。如果仅仅只是将这背后的故事一一罗列于展墙之上，从策展的角度，仿佛并不能使"泰兴"号展览更具新意和吸引力。策展团队的目标是赋予展览以鲜明、独特的个性，给观众留下深刻印象。

展览放弃了传统的平铺直叙，以更富有戏剧性的提问的方式拉开序幕："传统航线，为何更改航向？巨型船舶，何以触礁沉没？惊世海难，怎得百人生还？海底宝库，如何重见天日？"带着疑问，进入第一单元"茫茫探海舶"，从"启航·触礁""探险·打捞""拍卖·回购""研究·复原"四个方面揭秘"泰兴"号的前世今生。此部分展出"泰兴"号丰富的沉船史料及其复原船模，结合四件中国古代航海文物以及中国古船货舱的场景模拟，向观众展示中国"造船强国""海洋大国"的历史地位。第二单元"熠熠有瓷珍"以文物为依托，展示400余件（套）"泰兴"号出水瓷器，以青花盘、碗、杯、碟、罐、盖碗等日用瓷为主，器形规整，纹饰多样。该部分根据纹饰的不同将瓷器进行分类展示，也是展览的核心部分。"泰兴"号出水瓷器大都为18世纪至19世纪初德化生产的用于出口亚洲市场的青花瓷，因此，展览的第三单元"悠悠访瓷都"展出50余件（套）德化窑出产的瓷器，展示作为三大古瓷都之一的德化博大精深的陶瓷生产技艺、源远流长的陶瓷文化以及德化窑在中国外销瓷发展史上的重要地位[①]。值得一提的是，展览的最后以15件（套）来自德化现代陶瓷大师的精美作品收官，使整个展览从物质、空间、时间三个维度完整讲述了"泰兴"号沉船的故事。

二、展览形式设计动机

内容是展览的灵魂，形式设计是落实展览内容的具体手段。形式设计必须服从于展览内容，但不是被动地服从。

沉船主题展览虽然都是以沉船及其出水文物为依托来策划的，但每个展览的策展思路以及所要表达的重点不尽相同。"泰兴"号沉船展以展示沉船出水文物为主，辅以展示复原船模、沉船基本信息、古代航海科技以及"泰兴"号沉没、打捞、拍卖等颠沛流离的"身世"。展出的近500件（套）瓷器，占展品总量95%以上。而且瓷器总体质量不高，几乎全部是日常饮食用器，纹饰也以中国传统风格为主。相对于如"CHINA与世界"展览的"沉船"与"瓷器"双主线[②]，"南海I号"展览的"角度广""气势大"[③]，"黑石号"展览中包罗万象的珍品[④]，"泰兴"号展览内容更专注于沉船自身信息，展品构成也相对单一，这一点看似是展览的制约因素，但也正是展览的自身特点。

"泰兴"号展览的展出文物主要集中在第二单元"熠熠有瓷珍"和第三单元"悠悠访瓷都"，而展览一开始的序厅及第一单元"茫茫探海舶"相对来说展品不够充实，但对于整个展览又起着至关重要的作用。如何在展览的开头做足文章，吸引观众走进展厅，是需要思考的问题。第二、三单元虽然瓷器数量多，但多数瓷器器形、外观相似，而展览内容要传达的信息，如纹饰、材质、工艺、器形等往往又是通过专业术语以图文板、说明牌的形式展示给观众，文字内容具有较强的专业性，很容易给人以枯燥、乏味的感受，这大大增加了展览信息传播的难度[⑤]。另外，较之其他沉船主题展览，如何增强自身的辨识度，突显自身的特点等，也是一大难点。要解决这一系列的问题，势必要求形式设计充分发挥其主观能动性，拓展思路，为展览内容注入活力。

① 郑炯鑫：《从"泰兴号"沉船看清代德化青花瓷器的生产与外销》，《文博》2001年第6期。
② 毛敏：《博物馆展示"海上丝绸之路"的思考与探索：以"CHINA与世界"展览为例》，《长江丛刊》2019年第11期。
③ 刘冬媚：《"大海道——'南海I号'沉船与南宋海贸"策展解析》，《艺术与民俗》2021年第1期。
④ 陈克伦：《印尼"黑石号"沉船及其文物综合研究》，《文物保护与考古科学》2019年第4期。
⑤ 薄海昆：《单类器物展形式设计技巧运用偶拾》，《博物院》2021年第2期。

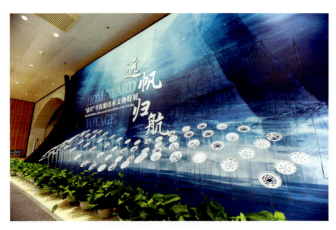

图 1　展厅门口由出水青花瓷的仿制品组合而成的海浪造型

图 2　序厅中"书"的造型打开了观众的探秘之旅

⑥　刘冬媚：《"大海道——'南海Ⅰ
号'沉船与南宋海贸"策展解析》，
《艺术与民俗》2021年第1期。

三、形式设计技巧运用实践

基于以上分析，"泰兴"号展览形式设计的重点集中在展厅氛围的渲染、展品陈列设计、色彩基调及材质的把控三个方面。在序厅及第一单元通过造型、色彩、展示道具等视觉艺术手段强化展厅氛围，在展品集中的第二、三单元活化展品陈列，将看似"相似"的瓷器进行富有变化的、艺术性的陈列。充分运用艺术设计技巧为展览注入故事性的铺陈、丰满且有活力的空间感受，生动诠释展览内容，提升展览的观赏性，激发人们的观展兴趣。

1、展厅氛围的营造与渲染

渲染展览气氛，关键在于准确、深入地挖掘展览核心元素，通过文物、图像、展示道具、环境之间的组合，对展示空间进行技术处理，实现"情景再现"，营造与展览主题相符的意境。

比如"CHINA与世界"展览在展厅中央搭建高低错落的发光展台并配以水纹图案，将多艘船模摆放其上集中展示；"碗礁一号"展览在展厅入口处利用水纹灯营造海底氛围，搭建沉船船舱造型；"南海Ⅰ号"展览利用福船形象在展厅中进行空间造型搭建，并将其作为展柜，配以大型海底图片灯箱和水纹灯⑥；"黑石号"展览在序厅空间搭建残缺不全的海底沉船场景。诸如此类的案例都是通过搭建沉船造型或利用海洋元素来营造与主题相契合的氛围。

"泰兴"号展览并没有选择以船的造型为元素搭建场景，而是在展厅外的中央大厅，借助大幅海报墙为装饰背景，挑选此次展品中纹饰比较有代表性的青花瓷盘制作成仿制品，用透明的亚克力支架固定，阵列、摆放出颇具动感的波浪造型。一只只随海浪翻涌的青花瓷盘，仿佛在诉说它们伴随"泰兴"号沉浮两百年的故事。立体的瓷盘造景与大幅展览海报画面融为一体，带领观众瞬间穿越，潜入"深蓝"（图1）。

展厅入口处的长坡道原本是一个很难处理和利用的空间，此次展览利用长坡道两侧的墙面，将展览开头四个关于"泰兴"号的疑问进行字体与背景画面的排列设计。观众带着疑问，步入序厅。映入眼帘的不是展览名称和前言组成的主题墙，而是一本打开的"书"的立体造型。通过"书"上的文字，观众可以得知"泰兴"号沉船的重见天日正是源于一本古老而罕见的外文书籍（图2）。从此，带领观众一起"翻开"这本书，揭开这艘东方"泰坦尼克"号的神秘面纱。

2、活化展品陈列设计与布置

陈列设计是一种视觉造型艺术，其核心是使展品的陈列设计风格具有高度观赏性和感染力。无论哪种设计形式，都脱离不了艺术性和形式美。通过积极主动地运

图3 同类瓷器通过组合陈列的方式呈现多种形态

用对称、均衡、反复、渐次、节奏、韵律、对比、调和、变化与统一等美学原则,赋予展览艺术美感,以此调动人们的观展兴趣[7]。

"泰兴"号展览第二单元展出的400余件"泰兴"号沉船出水瓷器,是展览的核心部分。这些瓷器主要装饰洞石、花卉、花篮、圈点、人物、文字、山水、动物等图案,布局疏朗,器形规整,纹饰多样,多以盘、碗、碟等为主。不同的纹饰之间展品形态差异不大,数量多,器形小。

在进行陈列设计时,设计者力求打破常规的陈列方式,将同种纹饰的瓷器组合后呈现多种形态,充分利用展柜内部的进深,通过组团将一个个形状、大小相似的瓷器从点到面,从面到块,化零为整进行陈列展示。每一件展品不仅是一个独立的个体,更是整体造型各异的组合,从而打造更加丰满的陈列空间。比如此次展出的灵芝纹瓷器中既有相对大的盘,也有小巧的杯;既有平面的盘、碟,也有立体的碗。设计者将几只盘组合立向摆放为一组造型,着重展示青花瓷的纹饰;一部分盘、碗、碟成套摆放,力图还原青花瓷的使用场景;将两种不同大小的碟富有韵律地阵列为圆形的面,悬挂于展柜的立面,既解决展品数量多、展示空间不足的问题,更营造出多维度的展示方式。又比如,50余件形状、大小基本一致的粉盒在一个展柜内分为三个视觉块,中央是48件小巧的粉盒阵列而成的规整的平行四边形,两侧是三五个粉盒随意、灵活的组合,既有规则又有变化(图3)。

展示方式决定了展示道具的形式。设计者不仅要考虑单个展柜的陈列设计,还要统筹展厅内所有展柜之间的变化关系,这就要求每一个展柜内的展示道具也要根据展品陈列设计的变化而变化。在展示道具的设计中,以一个展柜为一个视觉单位。考虑到制作的便利及成本,多利用简洁、规整的几何体,通过高低错落的组合摆放,结合局部不规则几何体,组合为既有整体感又有变化的柜内造型。通过不同造型的展示道具组合,营造展品陈列的层次感、造型感、艺术美感。比如花篮纹瓷器的展

⑦ 刘爱河:《现代博物馆陈列展示设计内涵的演变》,《中国博物馆》2005年第4期。

图4 利用几何体道具的变化营造不同的陈列效果

柜利用大小相同的方形体块自展柜中轴线向两侧对称并自上而下地分布，使摆放其上的小巧的碟具有较强的立体感和造型感；火龙纹青花瓷盘利用长方形体块高低、前后的错落，摆放出海浪般的曲线造型；人物纹碗将大小一样的方形体块前后错开摆放在四面玻璃柜中，既方便观众四面参观又打破了常规的直线布局，为展品陈列增添了趣味性（图4）。

值得一提的是，这400余件瓷器虽然纹饰种类丰富，但数量并不均衡，需要准确地梳理纹饰种类与数量的关系后，根据不同纹饰对应的瓷器数量进行陈列设计。正因如此，最后呈现出的每一个展柜的摆放，每一组瓷器的造型都不尽相同，这正是看似无心却精心的设计。

3、展厅色彩基调及材质的选择与运用

沉船主题展览多数选取大海的颜色为色彩基调，只是蓝色的纯度和明度有所不同，这个取决于策展团队对展览的定位、设计者对展品的理解和自身的色彩感觉。比如"黑石号"展览选用了灰调的暖粉色，独树一帜的色彩基调其实正是基于对展品特征的充分认识。展厅整体的暖色调把长沙窑的青釉褐绿彩，越窑"类玉"的青瓷，邢窑"类银"的白瓷，巩义窑色彩艳丽的唐青花、绿釉和白釉绿彩器以及充满异域风情的金银器等收纳在一个相互映衬的、和谐的色彩关系中。

"泰兴"号展览的大部分展品是出水青花瓷，还有一部分白釉、酱釉、青黄釉瓷器等，几乎全部是日常饮食用器，纹饰也以中国传统风格为主，总体质量档次不高。加上几百年海底浸泡和侵蚀，釉色也不再那么鲜艳，已微微泛黄，在精美度上与传世或者出土的精品瓷器不可同日而语。展厅选用了两种纯度的蓝色 —— 展墙的蓝灰色和展柜内的深蓝色。展柜的环境色与展品之间保持一定的界限分明，又与展厅的蓝灰色基调成为一个统一、和谐的整体（图5）。

此次展出的出水瓷器，虽釉色受损，器形小巧、单一，但气质温婉，质感朴实，别有一番韵味。因此展柜内部选用与青花既有对比又有呼应的深蓝色，且用有一定肌理感的布料包裹展柜内的体块。展柜背面没有使用相同布料包裹而成的背板，而是选用同为深蓝色的吸音棉做展柜背景，既降低成本、节约资源，又方便施工。吸音棉不仅不像绷紧的布料那样会产生反光，反而吸收了展柜内多余的光反射，营造出格外静谧、深沉的柜内环境，与沉寂海底两百年的出水瓷器质朴的甚至略显粗糙的品相相得益彰，出乎意料地和谐，观众的观展舒适度也大大提升。

四、结论

沉船主题展览这几年受关注的程度越来越高。观众怀着探秘沉船故事、一窥海底遗珍的好奇心，以及对沉船及出水文物背后蕴含的历史、文化、技艺等丰富内涵的求知心走进展厅，相对应的是对展览内容及形式设计怀有更高的期待。

沉船主题展览若要提升观众的观展兴趣及感受，不仅内容策划要有特色、有亮点，更要以形式设计为突破口，充分发挥形式设计作为实施手段的能动性。以"形式"点亮"内容"，打破常规，推陈出新[8]。同时，形式设计的方法与技巧也会推动展览内容策划的不断创新，从而促进展览整体水平的提升。哪怕会有一些遗憾，但策展团队创新的实践脚步不能停止。

图5 展厅部分场景

⑧ 刘爱河:《现代博物馆陈列展示设计内涵的演变》,《中国博物馆》2005年第4期。

后记

　　此展览为目前国内规模最大的"泰兴"号主题展览，但我们展出的仅为"泰兴"号出水瓷器的冰山一角，很多瓷器尚漂泊海外，成为策展团队挥之不去的遗憾。

　　"泰兴"号所处时代，世界格局急剧变化，东西方前所未有地进行碰撞与交融。

　　"泰兴"号沉没 20 年之后，厦门等港口作为"通商口岸"对西方列强开放，类似这样的中国远洋帆船，就从海上永远地消失了。

　　"泰兴"号沉没 200 年之后，我们在此诉说它的故事。展后长思，向海而兴，背海而衰，不能制海，必为海制，也许这正是"泰兴"号留给我们最为重要的启示。

　　在展览举办与图录出版过程中，我们得到了多方的大力支持。借图录付梓之际，我们谨对德化县陶瓷博物馆、洋庐集团以及其他所有对展览给予过帮助的单位与个人致以最诚挚的谢意！陈丽芳副研究馆员、宾娟馆员、王结华研究馆员、荣亮副研究馆员、王蔓蔓馆员于百忙之中为本书撰写了专题研究文章；文物出版社张冰老师、谷雨老师为展品拍摄与图录编辑校对不辞劳苦。在此，我们一并向付出辛勤努力的诸位同人表示衷心感谢！

　　本书编辑工作量较大，展品数量繁多，其中内容可能存在错漏之处，敬请广大读者批评斧正。

编者

2022 年 8 月